「引き寄せ」の実践トレーニング

あなたにも必ずある「引き寄せ力」の磨き方

奥平亜美衣

宝島社

はじめに

磨けば必ず輝く「引き寄せ力」

あなたが「引き寄せ体質」になると、こんなことが起こってきます。
・毎日が、とにかく楽しくなる
・素敵な人が周囲に集まってくる
・不思議なくらいタイミングよく物事が展開する
・望まないことは自然と遠ざかっていく
・いつの間にかチャンスをつかんで、夢がどんどん実現する
・欲しかったものも、無理なく手に入るようになる

　私はこれまで著書やブログで、**何が起ころうとも「できる限りいい気分になれる思考を自分で選択すれば」、そして「自分を自分で満たし、認めていけば」、現実は変わる。あなたはあなたの望む現実を引き寄せて、素晴らしい人生を喜びに満ちて歩んでいける**、ということをお伝えしてきました。
　「引き寄せ」と言うと、願望の実現という面がフォーカスされがちですね。もちろん、あなたがあなただけの願望を持ち、それを実現させていく、ということは大変素敵なことではありますが、その願望を実現させるために最も大事なこと、それは、日々いい気分でいることであり、何事に対してもいい面を見ようとし、前向きな気持ちになる、ということなのです。
　願望を持つと、どうしてもその願望の方へ意識がいってしまいがちですが、意識を「願望」から「あなたの今の現実」へ戻してみてください。

願望が叶おうが叶うまいが、生き生きと毎日を前向きに楽しく過ごしていると、あなたは磁石のように素晴らしい人生を「引き寄せる体質」になっていきます。

「引き寄せ体質」になることさえできれば、夢や願いは楽しみながらいつの間にか叶う、という状態になっていきますし、人生を謳歌するために必要なものはすべて引き寄せていくことができます。

　本を読み、「引き寄せ」とは何かを知ることはとても大事です。

　しかし、あなたが本当に自分の現実を望むものへと変えたいのなら、もっと大事なのは、本で得た知識を自分の日常生活の中へ落とし込んでいく、ということなのです。

　どれほど知識を仕入れて「引き寄せの法則」を理解しようとも、あなたがこれまでと同じように、いいことがあったらいい気分になって、悪いことがあったら悪い気分になる。また、自分の望むもののことを考えるのではなく、望まないものを見て不平不満を言う。何かに対して批判や批評をする、というようなことを続けている限り、あなたの現実は変わりません。

　しかし、幸いなことに、自分が何を考えるかというのは、私たちは自分で選ぶことができます。少し意識して思考のコントロールを練習すれば、「引き寄せ体質」になっていくことができるのです。

　あなたさえその気になって「引き寄せ力」を磨いていけば、それは必ず輝きます。誰しも、自分の中にダイヤの原石を持っているのです。

　さあ、本書で「引き寄せ体質」になるための思考の選択の仕方をトレーニングして、あなたの中に必ずある「引き寄せ力」を磨いて引き出していきましょう。

奥平亜美衣

CONTENTS

はじめに 2

1st Step 「引き寄せ力」のベースをつくる

「思い通りの未来を引き寄せる」ってどういうこと？ 6
Lesson 1 望んでいることを明確化してみよう 12
Lesson 2 願いの本質を探ろう 17
Lesson 3 「いいこと探し」の達人になって常に「いい気分」でいる 25
Lesson 4 ワクワクと感謝が「引き寄せ力」をつくる 31
Lesson 5 「手に入れたもの」に意識を向けると次の新しい扉が開く 37
Lesson 6 頭の中で幸せの割合を増やす 40

2nd Step 「引き寄せ力」を磨く

「引き寄せ体質」になるための思考法を身につけて
さらに「引き寄せ力」を磨く 46
幸せな恋愛・結婚を引き寄せるための思考トレーニング 51
お金と豊かな生活を引き寄せるための思考トレーニング 65
仕事の成功と充実を引き寄せるための思考トレーニング 73
美と健康を引き寄せるための思考トレーニング 81
良好な人間関係を引き寄せるための思考トレーニング 89
まとめのワーク 97

Final Step 「引き寄せ力」を完全なものにする

「引き寄せ力」を確実にするためには自己肯定が大切 100
Lesson 1 自分の好きなところ・もの・ことに思考を集中させる 106
Lesson 2 どんなときでも「自分が自分でいる」ために 113
Final Lesson さあ、思い通りの未来を呼び込もう 119

おわりに 124

COLUMN 「引き寄せ力」を高める瞑想のレッスン 98
Amy's Advice 24, 30, 36, 44, 72, 88, 96, 112, 118, 123

1st Step

「引き寄せ力」のベースをつくる

Lesson 1
望んでいることを明確化してみよう

Lesson 2
願いの本質を探ろう

Lesson 3
「いいこと探し」の達人になって
常に「いい気分」でいる

Lesson 4
ワクワクと感謝が「引き寄せ力」をつくる

Lesson 5
「手に入れたもの」に意識を向けると
次の新しい扉が開く

Lesson 6
頭の中で幸せの割合を増やす

「思い通りの未来を引き寄せる」ってどういうこと？

あなたは「引き寄せの法則」とはどんなものだと考えていますか？

この本を手にとってくださったということは、「引き寄せの法則」というキーワードはすでに知っていて、これまでに取り組んだことがあるか、または少なからず興味を持っているかと思います。しかし、正確に「引き寄せの法則」を理解している人は少ないかもしれません。

多くの人は、「引き寄せの法則」を使いこなせば、「イメージングして宇宙にお願いすれば、欲しいものが何もしなくても引き寄せられて手に入る」「臨時収入がある」「宝くじに当たる」「理想の恋人ができる」「結婚相手が見つかる」と考えていますね。

本書で「引き寄せ」のトレーニングを始める前に、はっきりと断言しておきましょう。このトレーニングブックは、あなたがただ欲しいものを手に入れるためのものではありません。そうではなく、**「あなたが幸せになる」「あなたの毎日が喜びにあふれたものになる」**ためのものです。

宇宙はあなたの望むものを用意してくれますので、あなたの欲しいものやお金、それらも手に入れることはできます。しかし、欲しいものが手に入ったり、臨時収入があったりしても、幸福感や満足感を得られたのは一瞬だけであったり、実は本当に欲しいものではなかったりした経験は誰にでもあるでしょう。それは「幸せ」を手に入れたように錯覚していただけだったのです。もし、あなたがあなたの望みを叶えたとしても、「幸せ」でなければ意味がないのではないでしょうか。

そして、「引き寄せ」の本質とは、何かをイメージして、そのイメー

ジしたものを現実に手に入れることではないのです。イメージングとは、いわば種まきのようなもの。その種がどのように育ち、どのような実を収穫できるかは、あなたの思考・感情・気分にかかっているのです。

本当の「引き寄せの法則」というのは「自分の思考・感情・気分に同調するものが、自分に引き寄せられてくる」ということ。

つまり、あなたが「幸せ」であったら「幸せ」を引き寄せ、「豊かさ」や「喜び」をたくさん感じていたら、さらなる「豊かさ」や「喜び」を引き寄せます。あなたが「いい気分」でいたら「いい気分にさせてくれること」がたくさん起こってくるようになるのです。逆に、「不機嫌」であればもっと「不機嫌になるようなこと」が起こります。あなたが「疑いなくそう思っていること、感じていること」が現実になります。

本書では、望む人生、思い通りの現実を引き寄せるために、「幸せ」であったり、「いい気分」でいるためのトレーニングができるようになっています。**あなたが「幸せ」であれば、あなたは必ずさらなる「幸せ」を引き寄せることができるのですから。**

自分の望みをはっきりとさせ、つまり、望みの種をまき、そして、その後できるだけ毎日をいい気分で過ごせば、その望みは次々と叶うでしょう。それもあなたが最初に想定した望みより、素晴らしい形で返ってきます。あなたが、必ず「幸せ」になる形で、宇宙は応えてくれるのです。

ここでそもそも「引き寄せの法則」というのは、どのような仕組みで働いているのかを見ていきましょう。

ここから、少しだけ「目に見えない世界」のお話をしたいと思います。「引き寄せの法則」に興味を持っている人は、すでに「目に見えない世界」を受け入れていたり、なんとなく信じている人が多いでしょう。

「目に見えない世界なんて信じられない」という人は、無理に信じなくても「引き寄せの法則」は働きますので、安心してください。**信じていようがいまいが、万人に平等に「引き寄せの法則」は働いているのです。**重力が誰にでも働いているのと同じことです。

　目には見えないのですが、宇宙からは、常に無限のエネルギーが流れてきています。そしてこのエネルギーは、愛と幸せと豊かさに満ちています。繰り返しになりますが、このエネルギーは「常に私たちに流れてきている」はずなのです。

　ここで、「愛も幸せも豊かさも全然感じられないよ!」と思ったあなた。それは、あなたがまだこのエネルギーを受け取る方法を知らないというだけのこと。その方法を知って、エネルギーを受け取るためのトレーニングを行えば、誰でもそのエネルギーを受け取り、いい現実を引き寄せていけるようになるのです。

　まず、右ページのイラストを見てください。
　このように、すべての人間は、目には見えない「ザル」のようなものを持っているとイメージしてみてください。このザルは、宇宙から流れ込む「愛と幸せと豊かさに満ちたエネルギー」と自分との間にあり、調整弁の役目をしています。そしてこのザルの目は開いたり閉じたりします。ザルの目が開いているときは、エネルギーをたくさん受け取ることができますが、閉じているとなかなか受け取れません。

　では、ザルの目は何によって開いたり、閉じたりするのでしょうか? それは、**自分自身の気分次第**なのです。ザルの目は、あなたが「楽しい」「嬉しい」「満足」「感謝」「幸せ」などの感情を感じて「いい気分」でいると広がり、「嫌だ」「苦しい」「辛い」「心配だ」「悲しい」など「悪い

気分」でいるとどんどん閉じてしまう仕組みになっているのです。

「引き寄せ」がうまくいかない大半の原因は、いくらイメージングして望みを放っていても、「いい気分」で過ごすことを怠っているために、ザルの目が閉じて、宇宙からの素晴らしいエネルギーが届きにくい状態になってしまっていることにあります。

逆に言うと、**意識的に「いい気分」で過ごしてザルの目をできるだけ開いた状態にすることさえできれば、エネルギーをたくさん受け取って、「引き寄せ体質になる」ことができるのです。**

　それでは、あなたは自分で自分を「いい気分」にしたり、「幸せな状態」にするために、どうしたらいいのでしょうか？
　それには、あなたの「思考」に日頃から注意を払う必要があります。ほとんどの人は、通常、周囲で起こる出来事や目に映ることなど、外から入る情報に、ただ思考と感情が反応するのを放置している状態です。しかし、いいことがあればいい気分になり、悪いことがあれば悪い気分になっていたのでは、いつまでたってもあなたの現実は変わりません。
　本書のトレーニングにより、**何が起こっても、自分の思考、そしてそこから起こる感情は選択できる**ということを知り、それを身につけていきましょう。

結果として、あなたは「いい気分」でいられる時間が長くなり、「あなたにとっていい現実」を引き寄せるのがだんだんと上手になってきます。

　一例を見てみましょう。たとえば、職場で普段から苦手に感じている先輩から、嫌なことを言われたとします。ここで「ムカつく」とか「あの人、本当に嫌い」とか「悲しい」と思うのは致し方ありませんが、その思いを引きずってその思いに浸ってしまったら、ザルの目は閉じていく一方です。せっかくの愛や幸せや豊かさのエネルギーがほとんど受け取れないという状態になってしまうのです。

　この場合は、次のように考えてみましょう。
「そんな言い方をするなんて、先輩、何か嫌なことでもあったのかな」
「そんな言い方をしなくてもいいのに。でも、他の人にこういう言い方をしたら傷つく、ということがわかってよかったな」等。

　このように考えると、嫌な気分が少し和らぎませんか？ もちろん、無理に先輩のことを好きになろうとしたり、感謝したり、この出来事を「いいこと」だと思う必要はありません。

　そうではなくて、どう思考を切り替えたらネガティブな気分を引きずらずに、自分自身が少しでも納得できるのかを探すのです。

　いい気分になることはできなくても、嫌な気分でいる時間を少しでも減らすことで、ザルの目が閉じていくのを防げるのです。

　きっと、ここまで読んで鋭い読者の方は気づいたでしょう。そう、**あなたの考え方ひとつで、感情や気分はコントロール可能なのです。**

　先ほどお話ししたように、大抵の人は普段目に入るものや起こった出来事などについてただ反応するだけで、自分に思考や感情の選択権があるとは思っていません。

しかし、同じ出来事が起こっても、自分がそれをどのように考えるか、どんな風に意味付けをするかによって、「いい気分」になるか「悪い気分」になるか、変わってくるのです。

「いい気分」になるための考え方を選び続ければ、見えないザルの目はどんどん開き、宇宙からの愛と幸せと豊かさのエネルギーをたっぷりと受け取ることができます。

このように説明すると、とても簡単なようですが、最初からすんなりと「いい気分」になるための考え方を選べる人は多くありません。慣れていなければ、思考や気分をコントロールするのは、最初は少し難しいかもしれません。でも、練習次第で誰でも上達していきますので大丈夫。

本書では、まず、自分の望みとその本質、そしてそこからどんな気分を得たいのかをはっきりとさせ、その上で思考や気分をコントロールするためのトレーニングをたくさん盛り込みました。

「引き寄せ」に初めてトライする人はもちろんのこと、今まで本を読んでいるだけでは理解できなかった人や、理解しているつもりだったけれど、いざ実践しようとするとできなかった人も、この本のトレーニングを最後までやり終えたとき、思考や気分のコントロールのコツをつかんでいるでしょう。

そして、**自分の中に眠っていた「引き寄せ力」に気づくはずです。**

最初は小さな変化かもしれませんが、少しずつ現実がいい方向へ変わり、いつか気がついたら思い通りの未来が訪れていることに驚くかもしれません。

「あなたの幸せな未来は、あなた自身の手で創り出すことができる」

このことを胸に留め、さっそく次のページからトレーニングを始めましょう！

LESSON 1

望んでいることを明確化してみよう

　はじめに、「引き寄せ」の基本、あなたの望みを明確化し、それを現実に引き寄せるためのトレーニングを行っていきます。

　さて、あなたの望みは何でしょうか？　まず、あまり深く考えずに、自分の望みに遠慮せず、素直に書き出してみましょう。

　14ページから、望んでいることを明確化しやすいように、「欲しいもの」「恋愛・結婚」「お金」「仕事・やりたいこと」「美容・健康」「人間関係」と、カテゴリを6つに区切って記入欄を設けました。各カテゴリについて、あなたが望んでいることを、まずは思いつくままに書き出してみてください。望みはいくつあっても構いませんし、逆に望みがないという場合は、すべてのカテゴリを埋める必要はありません。

　もし、「望みがほとんど浮かばない」「欲しいものもやりたいこともよくわからない」という人は、まず、現状何を不満に感じているかを思い浮かべてください。そして、その不満が改善された状況を思い浮かべてください。それが、あなたの望みです。(ex. 生活が苦しい→余裕のある生活、悪い人間関係→いい人間関係)

　書き出してみたら、次の点をチェックしましょう。

1．望みが「自分主導」になっていますか？

　あなたの望みの中に、「誰かに○○してほしい」「誰かに○○になってほしい」「誰かに○○をしないでほしい」など、**誰かの言動**

に依存するものはありませんか？　それは、**望みではなく他人への要望**です。望みからはずすか、次のように変換してください。

　たとえば、好きな人がいて恋人になりたいと考えている場合、「○○さんに私を好きになってほしい」ではなく「○○さんに好きになってもらえるような素敵な自分になりたい」です。良好な人間関係を望んでいる場合「あの人にいい人になってほしい」ではなく、「私は、○○さんと心地よい関係を築きたい」となります。

2. 他人や周囲の目、常識を気にしたものになっていませんか？

　あなたの望みではなく、他人からの評価や、世間の常識などを気にしすぎていませんか？**「あなたの本当の望み」とは、あなた自身が心から欲しいもの、なりたいもの、楽しめること、幸せになれることです。**

3. 「できる」「できない」で考えていませんか？

　たとえば、自分が「女優」という職業に強く惹かれていても、なかなか「女優になりたい」と素直には思えないかもしれません。「女優」になることは、一般的に相当難しいと考えられているからです。**あなたの望みは、たとえそれが今この時点では実現不可能に思えてもよいのです。** どのような方法でそれが叶っていくのかは、今の時点ではわかりません。できそうか、そうでないかにかかわらず、あなたが憧れること、そうなれたらどんなに素敵だろうと思うこと、それが「あなたの本当の望み」です。

　これらの点をふまえ、もう一度自分の心とじっくり対話して見直し、「あなたの本当の望み」を16ページに書いてみてください。

望んでいることを明確化するトレーニング

? あなたが今欲しいものは何ですか? しあわせ
(ex. 車、家、電化製品、鞄、靴、アクセサリー等、物質的なもの)

....
....
....

? 「恋愛・結婚」に関する望みを書き出してみましょう。
(ex. 恋人が欲しい。今付き合っている人と結婚したい。いい夫婦関係を築きたい)

....
....
....
....

? 「お金」に関する望みを書き出してみましょう。
(ex. ○○万円欲しい。年収を○○万円にしたい)

....
....
....

❓ 「仕事」や「やりたいこと」に関する望みを書き出してみましょう。(ex. ○○になりたい。ギターを弾いてみたい。転職したい。昇進したい。やりがいを見つけたい)

❓ 「美容・健康」に関する望みを書き出してみましょう。(ex. 体重を○kg落としたい。若々しい体になりたい)

・健康的になる → 20kg 落としたい.

❓ 「人間関係」に関する望みを書き出してみましょう。(ex. 職場の人間関係を改善したい、人脈をつくりたい)

? 14～15ページに書いた望みについて、以下の点をチェックしてみましょう。
□望みが「自分主導」になっていますか？
□他人や周囲の目、常識を気にしたものになっていませんか？
□「できる」「できない」で考えていませんか？
これらの点をふまえて、もう一度じっくり考え、あなたの本当の望みを書きましょう。

〈欲しいもの〉

〈恋愛・結婚〉

〈お金〉

〈仕事・やりたいこと〉

〈美容・健康〉

〈人間関係〉

LESSON 2

願いの本質を探ろう

　次に、なぜその願いを叶えたいのか、願いの本質を探っていきましょう。

　たとえば、「1000万円が欲しい」と望んでいるとして、「なぜ1000万円が欲しいのですか？」と問われたら、どのように答えますか？

　仮に、「働きたくないから」という答えがでてきたとしたら、これは「1000万円が欲しい」という願いの本質ではありません。

　なぜなら、1000万円が手に入ろうが入るまいが、仕事を辞めることはできるからです。**これは、望みとは何の関係もない、ただの現状に対する不満なのです。**

　1000万円が手に入ったら、どんなことがしたいのか、何を買いたいのかというところがあなたの願いの本質です。（ex.「頭金にして家を買って両親と一緒に住みたいから」「会社を立ち上げて、自分の好きな仕事をしたいから」）

　これらがもし見つからないのであれば、あなたは本当に1000万円が欲しいわけではありません。もしわからなければ、今は空欄にしておいて、見つかったときに書き足しましょう。

　また先ほど、現状の不満から望みを探った人もいるかもしれませんが、そもそもあった不満というのは、願いの本質にはなり得ません。「生活が苦しい（不満）」→「余裕のある生活（願い）」→「趣味の○○をもっと楽しみたい（願いの本質）」というように、その先を考えてみてください。

もし、願いの裏にある不満しか出てこず、その願いをどうして叶えたいのか、という部分が見つからないのであれば、その場合もまた、空欄にしておきましょう。
　現状に対する不満からでなく、心から、あなたがなぜそれが欲しいのか、なぜその望みを叶えたいのか。それがわかったときに書き足しましょう。今、はっきりとわからなくても、これから、トレーニングを進めていくうちに、わかるようになってきます。

　願いの本質を見つけることは本当に大切です。なぜなら、それこそがあなたの本当に叶えたいことであり、あなたの願いが叶うときというのは、その「本質の部分」が叶っていくからです。
　つまり、もし、お金が欲しいという望みがあったとして、その本質が、〇〇を買いたい、ということだったとしたら、宇宙はその〇〇を用意し、あなたは〇〇を手に入れるのです。それは、まずお金という形で入ってくる場合もありますが、お金を介さずに、〇〇が直接手に入ることもあります。
　そして、その願いが叶ったなら、どんな気分になるかを想像してみてください。そのとき、あなたはその願いが叶ったときの気分を先取りできています。そしてその気分こそが、次の現実を創っていくのです。このように、願いが叶ったときの気分を想像してみることは、宇宙に、あなたがどんな望みを叶え、そこからどんな気分を得たいのか、はっきりと届ける、という点で大変有効です。
　あなたが味わっている気分が、そのまま現実化していくのだ、ということを忘れないようにしましょう。

その次に、最初に考えた「望みの本質」、それが叶ったならば、さらに何をしたいのかを考えてみましょう。

たとえば、このような感じです。

あなたの望み：お金が〇〇円欲しい。
その望みの本質：家を買いたいから。
その本質が叶ったら：お気に入りの家具を家中に置きたい。友人を呼んでパーティしたい　等。

あなたの望み：結婚したい。
その望みの本質：家族、家庭を持ちたいから。
その本質が叶ったら：一緒にキャンプに行きたい。素敵な家に住みたい　等。

願いの本質が叶ったらさらに何をしたいのか、そこまで考えるとき、あなたの思考は、すでに「望みが叶った」前提で動いています。そうすると、その思考が現実に反映していきますので、すでに「あなたの望みが叶っている」という現実が創られるのです。

想像するだけは自由ですし、タダなのです。**想像は創造の始まりです。**あなたが思考の種まきをしていないものを宇宙が返してくるはずはありませんので、遠慮せずに本当の望み、その本質をじっくり考え、その気分を味わい、さらにそこから何をしたいのかまで考えましょう。

それでは、次のページから、あなたの望みの本質を探っていくトレーニングに入っていきましょう。

願いの本質を探るトレーニング

? 14〜16ページに書いた望みについて。
あなたは、なぜその願いを叶えたいのでしょうか？
それぞれについて書きましょう。

[欲しいもの]

[恋愛・結婚]

[お金]

[仕事・やりたいこと]

1st Step 「引き寄せ力」のベースをつくる

[美容・健康]

....
....
....

[人間関係]

....
....
....

? 14〜16ページに書いた望みについて。
あなたは、その願いが叶ったらどんな気分になりますか？
それぞれについて想像して、書きましょう。

[欲しいもの]

....
....

[恋愛・結婚]

....
....

[お金]

....
....

[仕事・やりたいこと]
....
....
....

[美容・健康]
....
....
....

[人間関係]
....
....
....

? 20〜21ページに書いた「なぜその願いを叶えたいのか」＝「願いの本質」が叶ったならば、さらに何がしたいですか？それぞれについて書きましょう。

[欲しいもの]
....
....
....

[恋愛・結婚]
....
....
....

［お金］

［仕事・やりたいこと］

［美容・健康］

［人間関係］

> これからも、「望み」が浮かんできたら、その本質を考えてみるようにしましょう。そうすると、本当に望んでいるのか、そうでないのかが見えてきます。

Amy's Advice

願いの本質は見えましたか？

　1つ目の質問、「なぜ望むのか」を考えたとき、実はそれほど望んでいたわけではなかった、ということがわかったり、望みの裏にある現状に対する不満や不安ばかりが浮かんで、本質が書けなかったという人も多かったかもしれません。(ex. お金が欲しいという望みに対して、今の生活が苦しいからという不満しかでてこない、など)

　今この時点では、現状に対する不安や不満があっても構いません。しかし、**現状が不安、不満のままでは、あなたの望みは叶うことはありません。なぜなら、あなたの「現状」がそのまま「次の現状」を引き寄せるからです。**

　次以降のレッスンで、その現状を変えていきましょう。

　そして、ふたつ目の質問では、**どんな望みであっても、結局は「幸せ、喜び、嬉しさ、ワクワク、満足といった感情を感じたいから」なのだ**と気づけた人もいるかもしれません。

　あなたの表面的な望みは、「〇〇になりたい」あるいは「物やお金を得たい」ということかもしれませんが、あなたが本当に得たいものは、「幸せ」や「喜び」といった感情なのです。

　このレッスンにより、あなたは「望みの本質」を知り、それは確実に宇宙に届けられました。次のレッスンから、早速それらの望みを叶えるためのトレーニングに入っていきましょう。

LESSON 3

「いいこと探し」の達人になって常に「いい気分」でいる

　ここでは、「引き寄せ力」を高めるトレーニングで最も大切な「いい気分」でいるためのトレーニングを行います。

　9ページでもお話ししましたが、愛と幸せと豊かさに満ちた宇宙のエネルギーをたくさん受け取れるようにザルの目を広げておくためには、**毎日をできるだけ「いい気分」で過ごすことが何よりも大切**です。

　ここで押さえておくべき最大のポイントは、**現状を変えようとするのではなく、現状の中に「自分が心から"ここはいいな"と思える部分」を探すこと**。

　たとえば、「数年以内に結婚したい」と思っているけれど、「現状恋人さえもいない」とします。「恋人のいない今の状況が嫌だ、不安だ、寂しい」という思考に自分が支配されているうちは、「嫌で、不安で、寂しい」現実しか創られていきません。

　ですので、あなたがすべきことは、**無理のない範囲、心の底から信じられる範囲で、今より少しだけ気分のよくなる考えを見つけることです。**

　たとえば「恋人はいないけれど、その分一人で楽しむ時間がたっぷりある」「恋人はいないけれど、食事に行ったり、一緒に遊んだりする友達がいる」「恋人はいないけれど、仕事が充実している」「恋人はいないけれど、恋人がいたときよりもお金が貯まるようになった」「恋人はいないけれど、毎日それなりに楽しい」など。

「恋人はいないけれど、明日白馬の王子様にプロポーズされるはずだ」という風に考えてしまうと、「そんなわけない」と自分の中に大きな抵抗が湧き上がってくると思いますが、これらの例ですと、自分の心も納得するのではないでしょうか。

　あなたが少しでもいい気分になれば、あなたにとって今より少しいい現実が引き寄せられてきます。そこから、また少しいい気分になれば、また気分のよくなるような現実が引き寄せられて……と**正のスパイラルに入っていける**のです。

「結婚したい」という望みを一気に叶えることは難しいかもしれませんが、いい気分を選ぶ習慣がつくと、「気になる人に出会った」「アプローチがあった」など、少しずついいことが起こり始めます。このように、少しずつ引き寄せることは誰にでも可能なのです。

　現状の中にいいところを見つけなさい、とお話しすると、「つまり、自分の現状に満足しなさい、ということ？」「足るを知りなさい、ということ？」と思われるのですが、そうではありません。

　あくまでも、これからあなたが望む未来を引き寄せるために必要なステップなのです。「引き寄せの基本」を思い出してください。あなたの今の状態が、次の現実を引き寄せるのです。

　あなたが、「今」いい気分にならなくては、決していい現実を引き寄せることはできません。現状で満足しなさい、ということではなく、現状に幸せを見つけなければ、あなたの望みは叶わない、ということです。

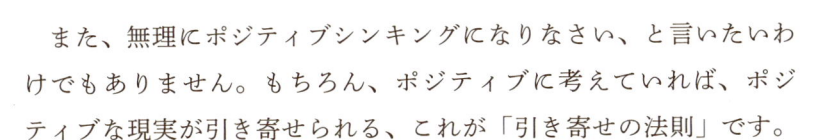

また、無理にポジティブシンキングになりなさい、と言いたいわけでもありません。もちろん、ポジティブに考えていれば、ポジティブな現実が引き寄せられる、これが「引き寄せの法則」です。

しかし、人間、いつでもどんなときも、ポジティブに考えられるわけではありません。無理にポジティブにしようとすると、逆に、「いつもポジティブでいるなんて無理……」とネガティブな感情がでてきてしまいます。ですから、無理にポジティブに変換するのではなく、できる範囲でポジティブな思考を選ぶようにしましょう。

それでは、さっそく次のページから「いい気分」になるためのトレーニングを始めましょう。もちろん、いきなり「いい気分」になることは難しいですから、以下の手順でトレーニングを行っていきます。

1．現在抱えている不満や悩みを書き出す。
どんな悩みを持っているのか、何に対して不満やストレスを感じているのか書き出します。

2．不満や悩みの本質を探る。
書き出した悩みや不満は、どうすれば解決するのか考えてみましょう。もし、自分主導で解決できる場合は、LESSON1で明確化した自分の望みに追記します。他人に対する要望の場合は、いったん置いておきます。

3．少しでもいい気分になれる着地点を探してみる。
不満や悩みが存在している現状の中で、「ここはマシだな」「この点だけは現状維持したいな」と思う部分を探します。

「いい気分」でいるためのトレーニング

? あなたが今、不満に思っていること・悩んでいることは何ですか?
(ex. 自分のやりたい仕事ができていなくて、人間関係も最悪。転職しようかどうしようか悩んでいる)

....
....
....
....
....

? なぜ不満に思うのか、どうなればそれが解消されるのか。一歩踏み込んで考えて、本質を探ってみましょう。
(ex. 自分のやりたい仕事に就きたい。人間関係が良好な職場で働きたい)

....
....
....
....
....

? 現状で、少しでも「ここはいいな」と思える部分を書き出してみましょう。
(ex. 土日祝日はしっかり休みがもらえる。一人、仲のいい同僚がいる。毎月、ちゃんとお給料をもらえる)

....
....
....
....
....

毎日行う「いいこと探し」のトレーニング

? 今日あった「いいこと」を書いてみましょう。
(ex. お昼に食べたご飯が美味しかった。天気がよくて気持ちいい1日だった。先輩に褒められた)

....
....
....
....

※このワークは毎日行うと「引き寄せ力」が磨かれます。手帳などに記入スペースをもうけて、毎日行いましょう。

Amy's Advice

不満の裏には、必ず望むことがある

　生きていれば誰でも、嫌なことや嫌な人、不満なことは日常の中にあるものです。そして誰しも、「自分の望まないこと」というのはよく知っていて、嫌なことで頭がいっぱいになってしまう、というのはよくあることですね。

　まず、悪いことに思考を支配させていても、自分にとっていいことは何もない、ということを認識しましょう。

　そして、**普段は、「あれが嫌だな」「これは嫌だな」というところで留まっていた思考から、「では、何だったらいいのか」「何を望むのか」というところへ、思考を転換させるクセをつけていきましょう。**何か、不愉快だなと思うことがあるたび、これを続けてみてください。

「いい気分」になるための思考の選択は、最初はなかなか思いつかないこともあるかもしれません。でも大丈夫。トレーニングをしているうちにだんだんとうまくなってきて、いい現実を引き寄せるスピードもアップしてきます。

　願いを明確にしたら、あとは、「いい気分」でいることを最優先してください。願いを叶えるために、がむしゃらに行動する必要は全くありません。「いい気分」でいれば、自然と目の前に願望を叶えるチャンスが用意されます。そのとき、はじめてその願いに対する行動を起こせばいいのです。

LESSON 4

ワクワクと感謝が「引き寄せ力」をつくる

　ワクワクする感情も、望む未来を引き寄せるためにとても重要な要素です。あなたがワクワクすることで、また新たなワクワクを引き寄せる、そしてまたワクワクする……。

　そう、「いい気分」が「いい現実」を呼ぶのと同じ仕組みです。
　ここからは、上手にワクワクを見つけるためのトレーニングを行います。「ワクワクを見つける」と言っても、新しい場所へ赴いたり、何か新しいことを始めてワクワクしなければいけない、ということではありません。

　また、ワクワクしないことは絶対にやらない、ということでもありません。LESSON2で行った「少しでもいい気分になることを見つける」のと同じで、**今あなたの身近にあること、生活の中にあるワクワクを見つけ、できる範囲で実行に移すのです。**

　もしかしたら、この本を読んでいる人の中には「私の生活の中に、ワクワクすることなんてひとつもない」と思っている人もいるかもしれません。でも、全くワクワクがない人なんて存在しません。「ない」のではなく、「見つけようとしていない」「見つけ方がわからない」だけなのです。ほんのわずかでもワクワクできることを探してみてください。

　たとえば、朝起きて、会社へ出勤して、帰宅して、就寝という生活サイクルだとします。この中に、ちょっとだけワクワクするようなエッセンスを探したり、付け加えてみるのです。

「朝、1時間早く目覚ましをかけて、普段よりゆっくりと出勤までの時間を過ごしてみる」「通勤電車で、前から読みたいと思っていた本を読む」「ランチはコンビニ弁当ではなく、デパ地下の惣菜屋さんで買う」「定時で帰宅して、行ってみたかったお店に行ってみる」「帰宅したら、ゆっくりお酒を飲みながらDVDを観る」など。

　ワクワクするポイントは人それぞれですから、あなただけのワクワクを探しましょう。

　たくさんお金をかけなくても、無理に新しいことを始めなくても、日々の生活にたくさんのワクワクを見つけることができるはずです。

　今のあなたの周りには、すでに、たくさんのワクワクの芽や幸せの芽が存在しているのです。ただ、あなたが「あるはずがない」と思い込んでしまえば、それを見つけることはできないでしょう。

　これも先ほどと同じで、「今の状況に満足しなさい。それ以上のものを望んではいけません」という意味ではありません。

　ワクワク探しが上手になると、より多くのワクワクを引き寄せ、あなたの周りはワクワクすることでいっぱいになるのです。

　また、ワクワクは多いに越したことはありませんが、生活のすべてをワクワクで満たす必要は全くありません。だって、もしすべてがワクワクすることになってしまったら、「一体何がワクワクすること」なのか、わからなくなってしまうでしょうから。

　そしてもうひとつ、「引き寄せ」に大切な要素は**「感謝」**です。
　このように言うと、「それじゃあ、すべての物事に感謝しよう」「い

つでも、どんなときでもありがとうと言っていればいいんだ」と極端な考え方をする人がいますが、それは大きな間違い。

　本心ではないのに、無理矢理「ありがとう」と言ったり、感謝しようとしたりしても、意味がありません。**自分が本当に心から感謝を感じていることが大事**です。

　これも、今のあなたの生活の中で、感謝できることはないか意識的に探してみると、案外とたくさん見つけられるものです。

　たとえば、あなたが家族と暮らしていて、ご飯をつくってくれる人がいるとしたら、「つくってくれてありがたい」と素直に思えるでしょう。あなたの職場を清掃してくれているスタッフがいるとしたら、「綺麗な環境で仕事ができてありがたい」という気持ちになれるはずです。

　家庭や職場だけではなく、行ったお店や利用したサービス、すべてのことに「誰か」が関わっていて、あなたのために何かをしてくれています。あなたの生活は、あなたが考えている以上に、多くの人によって支えられていて、少し意識を向ければたくさんの感謝すべきことが転がっているのです。

　このように、**自分の意識を向ける範囲を拡大して、感謝できることをより多く見つけることで、また新たな感謝できるような現実を引き寄せます。**
「感謝」というのは、あなたにとって、この世で起こり得る、最高の正のスパイラルのスタート地点なのです。

　それでは、次のページからさっそく「ワクワク」と「感謝」探しが上手になるためのトレーニングを行いましょう。

ワクワクを引き寄せるためのトレーニング

? 最近あなたがワクワクしたことは何ですか？
思いつくままに書き出してみましょう。
(ex. 日帰り旅行の計画をたてた。好きなアーティストのコンサートに行った。気になるお店を見つけた)

....

....

....

....

毎日行う「ワクワク探し」のトレーニング

? 今日1日のうちにあなたができる「ワクワクすること」は何でしょうか？　そして、ここに書いた通りに行動しましょう。
(ex. 会社帰りにウィンドウショッピングをする。好きな人に連絡してみる。帰宅後に録り溜めたドラマを観る。料理をする)

....

....

....

※このワークは毎日行うと「引き寄せ力」が磨かれます。
手帳などに記入スペースをもうけて、毎日行いましょう。

「感謝上手」になるためのトレーニング

? 最近あなたが「ありがとう」と思った出来事は何ですか？
思いつくままに書き出してみましょう。
(ex. 先輩が仕事のミスのフォローをしてくれた。店員さんが自分に似合う服を選んでくれた)

....

....

....

....

....

毎日行う「感謝できること探し」のトレーニング

? 日常生活の中で、普段意識していなかったけれど、改めて考えると「ありがたいな」と思うことを見つけてみましょう。
(ex. 時間通りに電車が動いている。スーパーやレストランに行けば美味しいものがたくさんある。家族や友人がいてくれる)

....

....

....

....

※このワークは毎日行うと「引き寄せ力」が磨かれます。
手帳などに記入スペースをもうけて、毎日行いましょう。

Amy's Advice

ワクワクが奇跡を呼んでくる

　トレーニングを終えて、どう感じましたか？
　ワクワクすることも、感謝することも、意外に簡単だったはずです。**今生きている、それだけで、楽しいこと、素晴らしいこと、美しいもの、感謝できることってたくさんあるのです。**
　ワクワク、と聞くと、「海外旅行」とか「コンサート」など、大きなことを思い浮かべがちですね。もちろん、そうした大きなワクワクもとても素敵なのですが、「引き寄せ」においては、**ワクワクには大きいも小さいもありません。小さくても、ワクワクは、ちゃんとワクワクを連れてきてくれるのです。**
　ただ、どんなワクワクを連れてきてくれるのか、結果はあまり期待しないようにしましょう。**あなたが「今、ワクワクを感じている」ことが大事。それだけで、すでに「引き寄せは成功した」と言ってもいいのです。宇宙の法則は絶対ですから。**
　また、感謝も同じです。「いい現実を引き寄せるために」感謝を探さないようにしましょう。**「心からの感謝を感じている」それがすでに素晴らしいこと、幸せそのものです。**
　「いいこと探し」「ワクワク探し」「感謝探し」これらが生活に定着してくると、今までは考えられなかった、「奇跡」としか呼べないようなことが起こり始めます。そして、それは誰でも自分次第で起こせることなのです。

LESSON 5

「手に入れたもの」に意識を向けると次の新しい扉が開く

　この本を読んでいる人の中には、お金や豊かさを引き寄せたい、と願っている人もきっと多いでしょう。

　お金や豊かさを引き寄せるためには、まず今の自分が「満たされている」「豊かだ」と本当に感じなくてはいけません。
「これから豊かになりたいのに、なぜ現状で満たされていると思わなければならないの？」「今困っているから豊かになりたいと思っているのに、豊かだなんて思えない！」

　このように思った人は、もう一度「引き寄せの法則」の基本を思い出してみてください。「引き寄せの法則」では、あなたの思考・感情・気分に同調するものが引き寄せられてきます。

　つまり、**「豊かだ」と思うことでさらにあなたを豊かにしてくれるものが引き寄せられ、「満たされている」と思うことで、さらにあなたを満たしてくれるものが引き寄せられてくるのです。**

　最初のうちは難しいかもしれませんが、日々の生活の中で少し意識をして充足感を得るようにしてみてください。

　たとえば、何か買い物をしたとします。洋服でも靴でもアクセサリーでもいいですし、コンビニで飲み物を買うなど、ちょっとした買い物でも構いません。レジでお会計をしたら、「私は自分が欲しいと思ったもの、必要なものを手に入れることができた！」と考えるようにしてください。

実際に目の前にそのものがあって、あなたのものになったのですから、比較的簡単に充足感を得られるはずです。金額は問題ではなく、高価なものでも安価なものでも同じようにやってみましょう。
　また、同時に「私にはお金があったから、欲しいものを買うことができた」とお金にも感謝してみましょう。さらに、物を売ってくれた店員さん、つくってくれた人などにも感謝を広げていくと、なおいいですね。ただし、LESSON4でもお話ししましたが、なんでもかんでも「ありがとうございます」と無理に感謝すればいいということではありません。
　自分が本当に充足感を得られた → 充足感を得られたのは○○（お金や人）のおかげ → 感謝、という流れであることが重要です。
　何かを購入するたびに、このように意識してみると、「私は必要なものを持っている」という実感が湧いてきて、自然と「豊かだ」「満たされている」と思えるようになってきます。
　そうすると、「豊かだ」と感じているあなたのもとには、さらなる「豊かさ」が引き寄せられ、**豊かさのスパイラル**が始まっていきます。

　お金は使うと減ってしまうものです。そのため、どうしても減った方にばかり気を取られがちですが、**減ったということは必ず、自分の必要なものやサービス、何かしらの経験を手に入れているはず。**
　減ったことではなく、手に入れたものに意識を向けて豊かさを実感し、感謝をするようにしてみましょう。そうすれば、あなたのもとにはさらに豊かさが引き寄せられてきます。

毎日行う「豊かさ」を実感するためのトレーニング

? 今日1日で買ったものを「私は自分が欲しいと思ったもの、必要なものを手に入れることができた！」と実感しながら、書き出してみましょう。
物だけではなく、お金を払って受けたサービスも含みます。
(ex. コンビニでお菓子を購入。30分のフットマッサージを受けた。定期券を購入した)

....

....

....

....

....

? 満たされたことに対する、感謝の気持ちを表してみましょう。
(ex. お金のおかげで私はマッサージを受けることができたのだから、お金に感謝。それに、気持ちのいいマッサージをしてくれた店員さん、ありがとう！)

....

....

....

※このふたつのワークは毎日行うと「引き寄せ力」が磨かれます。手帳などに記入スペースをもうけて、毎日行いましょう。

LESSON 6

頭の中で幸せの割合を増やす

「私は今、幸せじゃない！」「もっと幸せになりたい！」
　こんな風に思っている人も、**今の自分の生活のすべてが100％不幸だ、などということはあり得ません。何か、嫌なことがあっても、その残りの大部分は不幸ではないのです。**

　そして自分がどんな状況の中にあっても、ささやかな幸せを感じる瞬間や、かけがえのない何かや、愛おしく思う何かがあるはずです。もし、どうしても「幸せじゃない」と思ってしまうのだとしたら、それはあなたが**小さな幸せに意識を向けていないから。**
「ちょっとは幸せを感じることもあるけれど、嫌なことやストレスが溜まるようなことの方が多いから、総合的に見ると幸せとは言えません」このように言う人もいるかもしれません。

　もしかすると、現実に何かが起こる割合で考えると、嫌なことの方が多い、という場合もあるでしょう。

　しかし、**頭の中で、どちらのことを多く考えるかは、全くのあなたの自由ではないでしょうか。**単純に、嫌なことよりも、いいことに意識を向け、いいことについて考える時間を少しずつ多くすればよいのです。

　また、多くの人は、「ここは恵まれているけれど、他にこんなにも不満なところがある。だから私は幸せじゃない」という方向へ思考が行ってしまいがちです。

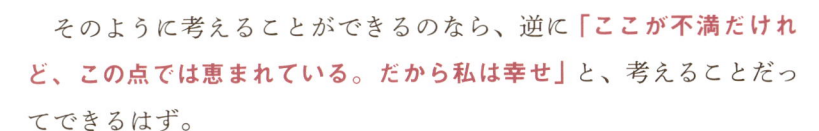

そのように考えることができるのなら、逆に**「ここが不満だけれど、この点では恵まれている。だから私は幸せ」**と、考えることだってできるはず。

不満・不幸なことに対して見ないふりをするのではなく、それはそれとしていったん置いておき、いい気分になれること、幸せなことを重点的に考えましょう。

自分が何を考えるのかは、自分で選べるのですから。

頭の中の幸せの割合を増やすこと、これが重要です。

たとえ、あなたの頭の中が、今は［幸せ度40％／不幸度60％］だったとしても、意識の向け方ひとつで、［幸せ度60％／不幸度40％］に変えることができるはずです。

そうすると「引き寄せの法則」が正確に働いて、本当に［幸せ度60％／不幸度40％］の現実が引き寄せられてきます。

そしてまた、あなたの頭の中で［幸せ度70％／不幸度30％］という方へ意識を向けると、次は［幸せ度70％／不幸度30％］の現実が引き寄せられてくる……。

人間である以上、100％頭の中を幸せにすることは不可能かと思いますが、幸せの割合は限りなく高くなっていくのです。

ここまで読んで、「えっ？ 100％幸せにはなれないの？」「100％幸せに越したことはないんじゃないの？」と思った人もいるでしょうか。

いいえ、100％にする必要は全くないのです。

32ページでお話しした「ワクワクすること」と同じように、すべてが幸せになってしまうと、今度は何が幸せなのかわからなくなってしまうでしょう。
　人は、少しの不幸があるからこそ、幸せを心の底から実感できるのです。
　「幸せになりたい！」そう思うのなら、まず今あなたが持っている幸せにしっかりと目を向けて、「自分はとても幸せだなぁ」と実感してください。
　無理に「幸せなんだ！」と思い込む必要はありませんが、少しでも「幸せだなぁ」と心から感じられることを見つけ、実感していく、それ以外に今以上に幸せになる方法はない、と覚悟を決めましょう。本当に、それ以外に方法はありません。

「頭の中の幸せの割合を増やしましょう」と、ひとことで言っても、幸せという目には見えないものの割合を、どうやって増やしたり減らしたりすればよいのか、今この段階ではわかりませんよね。
　そこで次のページでは、まず「嫌なこと」と「幸せなこと」を文字にして書き出してもらいます。
　文字という目に見える形なら、分量もわかりやすいと思います。
　最初は、このように目で見て確認して割合を増やすようにトレーニングしましょう。
　そうしているうちに、文字にしなくても、頭の中だけで幸せの割合を増やすことができるようになっていきます。

頭の中の幸せの割合を増やすトレーニング

? 今、あなたの生活の中で「嫌だな」「不幸だな」と思うことを書き出してみましょう。
(ex. 給料が少ない。恋人がいない。体調を崩しやすい)

? 今、あなたの生活の中で「ここはいいな」「幸せだな」と思うことを書き出してみましょう。上に書いた「不幸だな」と思うことよりも、多めに見つけてみてください。
(ex. 働く場所があって、毎月きちんと給料が振り込まれている。自分を理解してくれる友達がいる。家族が元気に暮らしている。平和な世の中で生活できている。食べ物に困っていない)

Amy's Advice

あなたは、100％自由です

「あなたは、100％自由です」とは、**「あなたの頭の中は、自分で100％コントロールが利く」**ということを意味します。

　今まで、あなたの考えることを、自分以外の誰かが代わりにした、なんて経験をした人はいないでしょう。
　あなたの思考、それは絶対にあなただけのものなのです。
　トレーニングを終えて、自分で自分が何を考えるのかを選べるにもかかわらず、今まで自分がどれほど不幸の方を多く考えてきたのか、気づいた人もいるでしょう。そこに気づくことができたなら、あとはできる範囲で少しずつ幸せの方へ目を向けるようにすればいいだけです。

　ワクワクに小さい、大きいが関係なかったように、「幸せ」にも大小は関係ありません。

　そして、幸せは1種類のみです。「幸せA」「幸せB」なんて分類はないのです。**どんな小さな「幸せ」でも、あなたがそれを小さいと思っているだけで、宇宙にとっては同じ「幸せ」です。あなたが、「幸せ」を感じたら、「幸せ」が返ってくる。「引き寄せの法則」というのは、わかればわかるほど単純で簡単なことなのです。**

　1st Stepのトレーニングを毎日の生活に取り入れて継続していくだけで、あなたの現実は驚くほど変わっていくでしょう。

2nd Step

「引き寄せ力」を磨く

**幸せな恋愛・結婚を
引き寄せるための思考トレーニング**

**お金と豊かな生活を
引き寄せるための思考トレーニング**

**仕事の成功と充実を
引き寄せるための思考トレーニング**

**美と健康を
引き寄せるための思考トレーニング**

**良好な人間関係を
引き寄せるための思考トレーニング**

「引き寄せ体質」になるための思考法を身につけてさらに「引き寄せ力」を磨く

　1st Stepでは、思い通りの未来を引き寄せるために、自分の望みに向き合い、願いの本質を知った上で、いいこと探しやワクワク探しを行うという、「引き寄せ力」を磨くための基本的なトレーニングを行いました。この、**いいこと探しやワクワク探しは「今回やって終わり」では、あまり意味がありませんので、毎日の生活の中で継続的にやっていくようにしてみてください。**

　やればやるほど、いいこと探しやワクワク探しが上達していき、簡単に見つかるようになってきます。それに伴って、あなたの現実の中にも、たくさんいいことやワクワクすることが起きてくるでしょう。そのように、毎日を意識的に生きていくだけで、望みはどんどんと叶う方へ自然と動いていきます。

　自分の望みや願いをよく知ることは大事なのですが、それを知ったならば、その願いに固執する必要は全くありません。
願いが叶おうが叶うまいが、とにかく「日々をできるだけいい気分で過ごす」ということが、「引き寄せ力」を磨く上で最も大事なのです。

　2nd Stepでは、日々をさらにいい気分で過ごすために、実際に遭遇しそうな具体的なシチュエーションをあげて、自分がそのような状況にあるときに、どのように考えるか、どのような行動をとるかを考えていきます。あなたをさらに「引き寄せ体質」にしていくための、日常生活に落とし込んだトレーニングです。

シチュエーション別の質問文は、**「恋愛・結婚」「お金」「仕事・やりたいこと」「美容・健康」「人間関係」**と、5つのカテゴリに分けて用意しました。まず、今の自分の状況に当てはめて、自分に最も当てはまる質問文から始めるといいでしょう。「自分には当てはまらないので、イメージしにくいな」と思ったら、その質問は飛ばしてもOKです。

　それぞれの質問に、書き込むスペースをもうけていますので、「私ならこう考える」「私ならこのように行動する」という答えを、箇条書きで構いませんので書き込んでみてください。

　そして、自分なりの答えを書き込んだ後で、ページをめくってみてください。次のページには、「引き寄せ体質になるためには、このように考えるといいですよ」というベストアンサー例と、その解説を記載しています。(自分なりの答えを考えてから、ベストアンサー例を見るようにしましょう。自分の思考を動かす、ということが大事です)

　もし自分が書いた答えと、ベストアンサー例が近いものであったら、徐々に「引き寄せ体質」に近づいている証拠です。

　ここで、実際に「引き寄せ体質になれる思考法」のトレーニングを始める前に、考え方のコツについてお話ししましょう。
「引き寄せ体質」になるためには、「自分主体で考えるということ」と、「物事の肯定的な面を見ること」ということが最も大事です。自分で自分をいい気分にすること、幸せにすることを、実生活の中で徹底していく必要があるのです。

　周囲の人や出来事を変えようとするのではなく、自分の視点を少し変えて、物事をこれまでの別の方向から見てみましょう。

　才能、特別な技術などは不要です。これは、自分一人でできることなので、トレーニングさえすれば、誰にでもできるようになるのです。

人間、生きていればいろいろなことが起こると思います。また、理想の自分と今の自分を比べて落ち込んでしまったりすることもありますね。
「引き寄せ体質」になるためには、日常生活のどんな場面においても、「ザルの目」をできるだけ開こうと意識することが大事になってきます。
　もし、嫌なことが起こったとき、大抵の人は「嫌だなぁ」「辛いなぁ」「逃げ出したいなぁ」という考えで頭がいっぱいになってしまいます。
　しかし、それをもう少し大きな視点から見てみてください。
　すると、嫌な部分以外の側面が見えてくるはずです。
　100％いい気分になることは難しいかもしれませんが、何らかの学びや気づきを得られたり、自分の望みを明らかにしてくれたりする出来事かもしれません。
　嫌なことがあって、嫌な気分になった。これだけでは、あなたにとっていいことはひとつもない、ということを肝に銘じましょう。ゲームのように、「嫌ではない部分」を探してみてください。
　「引き寄せ体質になるための思考法」を身につけるには、これまであなたが通常抱いてきた考えとは違う考え方をしなくてはいけないことが多いので、最初は大変だと感じることもあるでしょう。しかし、どんなことも少し練習すればうまくなっていくように、最初は訓練と割り切って、続けていくことが大事です。

　もうひとつ、押さえておきたいことがあります。本書でもたびたびでてくる「幸せ」という言葉についての考え方です。
　多くの人が、「今よりも幸せになりたい」という願いを抱えてこの本を読んでいることでしょう。
　ここで、「引き寄せ体質」になるための思考のトレーニングを行う前に「幸せ」の定義について、もう一度考えてみましょう。

2nd Step 「引き寄せ力」を磨く

　「幸せ」というと、お金・物・恋人・結婚相手・地位・名誉などに関わる連想をしがちです。
　「豊かな生活をするためのお金があったら幸せ」
　「あのブランドの服とバッグと、あの靴を手に入れたら幸せ」
　「素敵な恋人がいたら幸せ」
　「年収一千万円以上の優しい男性と結婚できたら幸せ」
　「たくさんのファンやフォロワーがつくような、カリスマ的な存在になれれば幸せ」
　このように考えている人も多いかもしれません。
　自分の人生に多くを望む、ということは素晴らしいことです。
　そして、これらのことをあなたが望み、それをもし手に入れることができたならば素敵なことでしょう。
　それを否定する必要は全くありません。

　しかし、あなたがもし、「今、自分の現実の中にない何か」を手に入れることによってしか幸せになれないと思っているとしたら、それは間違いです。その考えを手放さない限り、あなたは決して「幸せ」になることはできないでしょう。
　なぜなら、あなたが「幸せ」を引き寄せるのは、あなたが「幸せ」を自分の現実の中に見つけたときだけだからです。自分が自分で「幸せ」になったときだけだからです。
　つまり、何かしらの条件がないと幸せになれない、という幻想を抱いている限り、あなたは幸せになれないのです。
　幸せとは、条件を満たして得るものではなく、実は自分一人で選択できるもの。そして、あなた自身が自分の人生を自由に創造できること、これこそが最大の幸せではないでしょうか。

人生を自由に創造する過程で、お金を得たり、パートナーを得たりすることはもちろんあるのですが、これはあくまでも幸せの副産物のようなもの。
　それ自体が幸せではないということを、心に留めておいてください。
　今の自分が幸せな状態にあるのだと気づくと、これからもどんどん幸せな未来が引き寄せられます。
　ここで、「あれ？　今すでに幸せだと認めてしまったら、これ以上幸せになんてなれないんじゃないの？」と思う人もいるでしょうか。
　それは違います。1st Step でもお話ししたように、**あなたが幸せな状態であれば、さらに大きな幸せにアクセスできるのです。**
　幸せに限度はありません。

　これまで、引き寄せの本をたくさん読んできたけれど、イマイチ効果を実感できていない、という人の大半は、「引き寄せの本質を誤解している」か、「本を読んで少しの間は実践したけれども、継続できていない」かのどちらかでしょう。
　「引き寄せ体質になるための思考法」を身につけ、そして、実生活の中で継続して実践していけば、**あなたの現実は必ず望む方へ変わっていきます。**
　それでは、早速次のページから、あなたが少しずつ「引き寄せ体質」に近づいていくためのトレーニングを始めましょう。
　2nd Step を終える頃には、きっとあなたも「引き寄せ体質になるための思考法」のコツ、考え方のポイントをつかむことができているはずです。

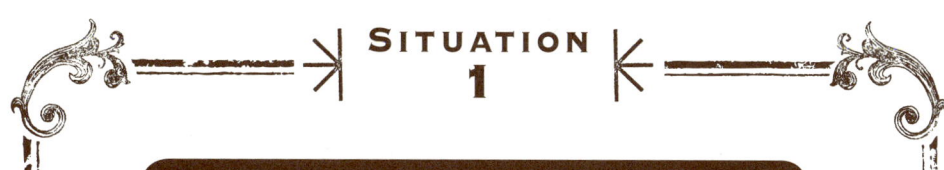

2nd Step 「引き寄せ力」を磨く

SITUATION 1

幸せな恋愛・結婚を引き寄せるための思考トレーニング①

ここからは、「恋愛・結婚」に関する「引き寄せ」のトレーニングを行います。これから提示するシチュエーションに置かれた場合、あなたならどう考え、どう行動しますか？
まず自分の頭で考えた答えを、このページに書き、その後で次のページのベストアンサー例を確認しましょう。

? あなたは、現状特に好きな人もいませんが、恋人が欲しいと思っています。そして、周りの友達や知り合いには恋人がいますが、あなたには恋人がいません。恋人がいない自分、そして今の状況をどう思いますか？

....
....
....

? 恋人がいる友人に、「彼氏がいないなんて寂しくない？」と心配されました。あなたなら、どのように答えますか？

....
....
....

ANSWER 1

ベストアンサー例

質問1
・周りの人をよく見るチャンス、その中に好きな人がいるかも!?
・一人でも楽しいけれど、恋人がいたらもっと楽しそう！
・自分の好きなことや、やりたいことに打ち込むチャンス！

質問2
・今は自分の生活を楽しんでいるから大丈夫よ。
・きっと最高のタイミングで素敵な人が現れるわ。
・恋人がいないからって寂しいとは限らないわ。自分次第よ。

「恋人がいるかどうか」ということは、「あなた」という人間の本質、その可能性、その素晴らしさとは何の関係もありません。恋人が「いる」「いない」で自分を含め、人を判断することはやめましょう。あなたがそう判断することをやめれば、あなたのことをそのような目で見てくる周囲の人も減っていくでしょう。

「恋人がいなくて寂しい」「周りの人には恋人がいて、私にいないということは、きっと私の何かが悪いんだろう」「容姿が劣っているから、スタイルがよくないから、性格がよくないから、理想が高すぎるから、恋人ができないのだろう」「彼氏が欲しい、でもどうしたらいいかわからない」「恋人がいない現実、一人ぼっちの現実を何とかしたい」このような思いは、すべて、恋人を遠ざける方向へ働きます。

　1st Stepでもワクワクや幸せのトレーニングをしてきましたが、**恋人がいようがいまいが、あなたは、自分で自分をワクワクさせたり、幸せにすることができるのです。**

恋人が欲しいと思ってはいけない、ということではありません。もちろん、一人より二人の方が楽しいことはたくさんあるでしょう。でも、あなたは「ただ恋人が欲しい」「誰でもいいから恋人が欲しい」わけではないはず。「誰かを好きになって、その人と恋人になる」それを望んでいるはずです。

　ですので、恋人も好きな人もいないのであれば、「自分の好き」にアンテナを張ってください。**「好きな人も恋人もいない自分」は、自分の好きなこと、自分のやりたいことを追求し、一人の時間を楽しむチャンス、そして周りの人をよく見るチャンスの時間なのです。**好きな人がいる場合は、SITUATION2 に進みましょう。

　一人の時間を楽しめることはわかったけれど、それでもどうしても恋人が欲しいあなた。その場合は、まず「自分に恋人がいたらどんな気持ちだろう」とその気分を想像してみましょう。恋人がいるとしたら、自分はどんな彼女（または彼氏）でありたいのかイメージしてみましょう。恋人がいたとしたら、自分は何をしてあげたいのか、一緒に何をしたいのか、どんな風に楽しいのか、どんな風に自分は相手を愛したいのか、状況や行動をイメージし、そのときの気分になってみてください。

　その気分を味わったなら、後は、自分がやりたいことを精一杯楽しむだけ。仕事にやりがいを感じているのなら、ワクワクの気持ちを大切に、一生懸命仕事を頑張ってみてください。そのひたむきな姿を魅力的だと感じて、あなたに好意を持つ人が現れるかもしれません。あるいは、打ち込んでいる趣味があるのなら、それを思う存

分楽しんでください。共通の趣味を持つ、素敵なパートナーが現れるかもしれません。

　現時点で、やりたいことがない、ワクワクできることがないという方は、それらを探すところからスタートしてみましょう。自分が好きなことは何なのか？　打ち込めるのはどんなことなのか？　何をしているときが楽しく幸せなのか？　どんなことをしていると満たされた気持ちになれるのか？　あなたが心の底から楽しめることであれば、大それたことではなくても構いません。あなたが、日々を楽しく、ワクワクして、ザルの目をいっぱいに開いておくことが大切です。そうすれば、素敵なパートナーが自然と引き寄せられるでしょう。

　また、合コンや婚活パーティなど、恋人をつくるために行動してはいけない、ということではありません。問題は、どのような気持ちで参加するか、です。「出会いがないから参加しなくちゃ」「恋人が欲しいから、いい人と出会いたい」「私を好きになってもらえるように頑張ってよく見せなくちゃ」。

　このような考えで参加しているうちは、なかなか魅力的なパートナーは引き寄せられないでしょう。**「恋人がいない」という現状に焦り、不安を感じている状態では、それに見合った現実しか引き寄せることはできないからです。**

　しかし、「合コンや婚活パーティそのものが楽しそうだから行く」とワクワクした気持ちで行くのであれば、きっと素敵なパートナーに出会えるでしょう。

SITUATION 2

**幸せな恋愛・結婚を引き寄せるための
思考トレーニング②**

? あなたには好きな人がいます。その人に宛てたラブレターを書く気持ちで、その人に対する思いを書き出してみてください。

? その好きな人に自分を好きになってもらうためには、何をしたらいいと思いますか？

ANSWER 2

ベストアンサー例

質問1
- 「〇〇さんが好き」
- 「〇〇さんを好きになれた私は幸せ」
- 「〇〇さんのことを考えているだけで幸せ」

質問2
- 趣味や仕事など、自分がやっていて楽しいことに打ち込んで、ワクワクした気持ち、幸せな気分を持続させる。
- 自分をもっと好きになる。

「〇〇さんに私のことを好きになってもらいたい」「私のために〇〇してほしい」「私の恋人になって幸せにしてほしい」これらはすべて、自分主導の願いではなく、誰かに何かをしてもらいたい、という他人への要望なのでNGです。

好きな人に自分を幸せにしてもらおうと思っていては、幸せは引き寄せられません。あなたは、好きな人を好きだと思えるだけで、幸せを感じられるはずです。 その幸せに浸るだけで、さらなる幸せを引き寄せていけるのです。

そして、こんな素敵な気持ちにしてくれた、その好きな人に感謝しましょう。そして、相手への期待なしに、ただ、自分の「好きだ」という気持ちを伝えるのもよいことです。それだけで、素晴らしい現実を経験するでしょう。

余計なことを考えて不安になったり、「この人と付き合えなかったら幸せじゃない」という方向へ思考がいってしまうと、どんどん引き寄せ力は弱まっていきます。

SITUATION 3

**幸せな恋愛・結婚を引き寄せるための
思考トレーニング③**

? 彼氏・彼女、妻・夫などパートナーに対する不満があるとします。そんなとき、あなたならどうしますか？

? パートナーに対する不満、問題を解決するためには、どうしたらいいと思いますか？

ANSWER 3

ベストアンサー例

質問1
・ここは不満だけど、この人のこんなところはいい、といいところを見つける。
・パートナーは気にせず、自分の毎日に自分の楽しみを見つける。
・頑張っている自分を褒める。

質問2
・自分はどうしたいのかを考え、それに沿って行動する。
・相手が変わってくれたら問題が解決する、という考えを捨てる。

　恋人が欲しかったあなたが、念願叶って恋人を得たり、その後めでたく結婚したとしても、月日がたつと、どうしても不満がでてくるものです。**そうした不満や問題が起こったとき、やはりあなたは、「この人のこんなところが嫌だ」「相手が間違っている」「あの人さえ変わってくれれば、この問題は解決するのに」と考えてしまいがちですね。しかし、このように考えていても、決してあなたの不満は解決しません。**

　たとえば、旦那さんが家事や子育てを手伝ってくれないのが不満だ、という場合。大抵の人は、「同じ親なのに手伝わないあの人は間違っている」「旦那に家事や子育てを手伝ってもらいたい」と思うでしょう。実際に、旦那さんに「家事や子育てを手伝ってよ！」と怒る人もいるかもしれません。

　しかしこのようにしても、一時的に旦那さんはしぶしぶ手伝ってくれるかもしれませんが、根本的な問題は解決しないでしょう。なぜでしょうか？　ここまでトレーニングを重ねてきたあなたなら、

きっと何がいけないのかわかるはず。

　そう、これは自分主導の願いではなく他人への要望であり、現状への不満の裏返しなのです。**あなたが、「こんなところが不満だ、問題だ」と考えている限り、現実はずっとそのままなのです。**

　子育ての大変さは、私も経験済みでよくわかります。人生でこれ以上、大変なことはなかなかないと言っていいくらいでしょう。あなたは、よく頑張っていますよ。そんな自分を褒めてあげましょう。

　でも、「家事は面倒だし、子育てはとても大変！」と悪い面ばかりに意識を向けていては何も変わらないので、たとえば「掃除は面倒だけど、料理は好き」「子供の笑顔をこんなにたくさん見られる私は幸せ」など、ちょっとでもいい気分になれる部分を探すのです。

　まずは、あなたが楽しんでワクワクするようなことを考えるのです。あなたが、家事や子育てを楽しんで行っている状態になれば、「家事や子育てを手伝ってよ！」と言わなくても、旦那さんがいつの間にか手伝ってくれるような現実を引き寄せるか、旦那さんがどうあるかはあなたにとって問題ではなくなっていくでしょう。

　不満を持っているパートナーについて、悪い面だけではなく、いい面を見るように意識することも大切です。「家事や子育てを手伝ってくれない人」ではなく、「家事や子育ては手伝ってくれない、でも仕事を一生懸命頑張ってくれている」「家のことは何もしてくれない、でもワガママを言わない」など、少しでも「こういうところがいいな」という面を見つけてください。

　あなたの見方が変われば、相手は必ず変わっていきます。

相手を変えようとすると決して変えられないのですが、あなたが視点を変えると、結果として相手が変わるのです。

またたとえば、恋人が浮気をしているという問題がある場合。大抵の人は「彼氏（彼女）に浮気をやめてもらいたい」と願うでしょう。しかし、残念ながらこのように考えているうちは、「彼（彼女）が浮気をしない」という現実を引き寄せることはできません。
相手をどうこうしようと思っても不可能です。ですから、この場合は「自分がどうしたいのか」を考えるのが正解です。
浮気をされても、彼（彼女）のことが好きで、交際を続けたいのなら、彼（彼女）のいい面を見ましょう。そして、一緒にいるときはその幸せを感じましょう。「自分だけを見てほしい」は、愛ではなくて束縛だと気づきましょう。
また浮気がどうしても受け入れられないのであれば、きっぱりとお別れして新しい道をあなたが自分の責任で選んでください。
「浮気をされた」→「浮気をした彼（彼女）が悪い」→「私は悪くない、私は被害者だ」と被害者意識を持っても、何もいいことはありません。被害者意識にとらわれているうちは、「被害者であり続ける」という現実を引き寄せますので、どうしたって幸せな未来を引き寄せることはできないでしょう。逆に、被害者意識を抜け出し、自分の幸せを自分の責任で選ぶことができるようになれば、あなたは必ず幸せになることができるのです。
どんな問題も、あなた次第だということを忘れないでください。

SITUATION 4

幸せな恋愛・結婚を引き寄せるための思考トレーニング④

? あなたは「結婚したい」という願いを持っています。
なぜ結婚したいのでしょうか？　その理由を書きましょう。

? それでは、結婚するためにはどうしたらいいと思いますか？

ANSWER 4

> **ベストアンサー例**
>
> 質問1
> ・好きな人と家庭を築きたい。
> ・好きな人と恋人でいるだけでも幸せだけど、人生を共にして、もっと喜びを分かち合いたい。
>
> 質問2
> ・結婚したい、という気持ちはいったん置いておいて、自分の今の生活を思い切り楽しむ。
> ・今ある自分の幸せをもっと感じる。

　これは、51ページの思考トレーニングを行った人なら、すぐに正解に辿り着けるでしょう。

　もうおわかりかもしれませんが、「(一人だと不安だから)結婚したい」「(適齢期だし世間の目も気になるから)結婚相手と巡り会いたい」と考え、願っているうちは、いい現実を引き寄せることはできません。「今」のあなたの気分が、あなたの次の現実を引き寄せるからです。

　だからといって、結婚をしたいと思ってはいけない、ということではもちろんありません。結婚に憧れる気持ちを無理に抑え込む必要はないですし、結婚をしてどんな家庭を築きたいのか、そして幸せに過ごしている自分をイメージするのもよいでしょう。

　ただし、**「なぜ結婚をしたいのか」という願いの本質を、しっかりと認識してください。** あなたはなぜ結婚をしたいのでしょうか？

　今、一人の自分の人生を楽しむことができているけれど、旦那さん(または奥さん)や子供がいたら、もっと幸せな人生になると思

う、だから結婚をしたい。このように考えていれば、自然と「すでに幸せなあなた」の元へ、さらなる幸せ（パートナーや子供がいる幸せな状態）が引き寄せられます。

　一方、**「友達や同年代の仲間はみんな結婚しているのに、私だけ一人で惨めだから」「今付き合っている人と結婚しなければ、後がないから」など、このようなマイナスの思い、不安に根差した思いにとらわれてしまっていると、幸せな未来を引き寄せることはできません。**このような思いを持ったままでは、仮に結婚ができたとしても、「幸せ」になることはできないのです。

　あるいは、「将来、一人で生きていくには不安だから結婚したい」「経済的に安定したい」が願いの本質だった場合。ちょっと考えてみてください。この願いを叶える手段は結婚だけでしょうか？

　その不安が金銭的なものだとしたら、自分が一生続けたいと思える仕事があって、その仕事で生活が成り立てば、結婚をしなくてもいいはずです。この場合は、あなたは結婚したいという望みを本当に持っているとは言えません。

　どんな場合も、**「結婚して不安を解消したい」という思いがある限り、決して幸せな結婚を引き寄せることはできないのです。**

　このように、なぜ結婚をしたいのか、を突き詰めて考えていくと、もしかしたら「結婚をしたい」という願いが消えて、本当に引き寄せたいのは別の現実だった、と新たな答えが得られることもあります。いずれにせよ、**大切なのは「結婚していようがしていまいが」あなた自身が幸せな状況でいること。自分自身で自分を幸せにする**

という意思を持っていることです。

「結婚をしたい」という願いは、「恋人が欲しい」とか「〇〇が欲しい」といった願いに比べると、人生を左右する、デリケートな問題ですね。

ですから、ここで「結婚したい、という気持ちはいったん忘れて、今の生活を楽しんで」なんて言っても、今すぐに気持ちを切り替えることは難しいかもしれません。

「どんどん年をとってしまう！」「若いうちはいいけれど、年をとればとるほど結婚相手が見つからなくなってしまう！」「子供が産める年齢には限界がある」と、年齢的な焦りを抱えている人も多いでしょう。

でも、本当に「結婚することによって幸せになろう」としているうちは、幸せにはなれません。**結婚への最短距離は、「結婚への憧れは持ちつつ、でも結婚にはこだわらないで、今の自分の状況の中に、楽しみ、幸せを見つけていく。自分の生活を最大限楽しむ」**ということなのです。

実際、ある女性は「結婚したい」とばかり考えるのをやめて、ずっと続けていた婚活をやめ、前からやってみたかった趣味を始め、自分の生活を楽しみ始めてみたところ、その趣味の活動の場で理想の男性と出会い、あっという間にゴールインしました。

あなたも引き寄せの力を信じて、少しずつでも「結婚したい」という気持ちをいったん横に置いておいて、別の方向でいい気分になる方法を見つけてみてください。

2nd Step 「引き寄せ力」を磨く

SITUATION 1

**お金と豊かな生活を引き寄せるための
思考トレーニング①**

ここからは、「お金」に関する「引き寄せ」のトレーニングを行います。これから提示するシチュエーションに置かれた場合、あなたならどう考え、どう行動しますか？
まず自分の頭で考えた答えを、このページに書き、その後で次のページのベストアンサー例を確認しましょう。

? 幸運なことに、あなたは宝くじ1等賞金3億円を手にしました。あなたはどうしますか？ どのように使いますか？

....
....
....
....

? 今、手元に自由に使ってもよい100万円があるとします。このお金で自分を最高に喜ばせてみてください。

....
....
....
....

ANSWER 1

ベストアンサー例

質問1
・○○な場所に○○な家を買う。
・○○に別荘を買う。
・高級車を買う。
・○○の事業を起こす。
・世界一周する　等。

質問2
・家族で海外旅行へ行って思い切り楽しむ。
・部屋の改装をする　等。

※質問1はトータルで約3億円、質問2は約100万円使い切れること、なおかつ、自分が本当に欲しいもの、やりたいことであることが必要。

　1st Stepでもお話ししましたが、「お金が欲しい」と言っても、お金という紙そのものが、何かと交換できなくても欲しいんだ、という人はまずいないと思います。そのお金で何をしたいのか、何を買いたいのか、それが願いの本質です。

　「大金が手に入ったらどうする？」という問いに対して、「○万円だけ使って、後は貯金する」「まず会社を辞める」といった解答をする人が多いのですが、ここにも願いの本質が隠されています。

　「○万円だけ使って、後は貯金する」というのは、○万円あれば欲しいものが買えて満たされる、つまり本当に欲しいのは○万円で、後は望みではなく、生活する上での経済的な不安です。あなたは3億円もの大金を望んでいるわけではありません。**あなたが望みの種をまいていないものを、収穫できるはずがないのです。**

多くの人は、自分の欲しいものや、やりたいことと、欲しいと思っているお金の額が釣り合っていません。望みを叶えるのにそれほどたくさんのお金は必要ないのに、3億円欲しいと錯覚しているのです。

その点、100万円でしたら、少し現実的ですね。

100万円を使い切って楽しむことを想像するのは、豊かな気分、楽しい気分を味わい、あなたが本当に望んでいることを明確化するのに有効です。**お金が入ってきたと仮定して、そのもののためなら躊躇なくお金を使える、というものこそが、あなたが本当に欲しいと思っているものなのです。**

もし、100万円使ってもいいよと言われても、「貯金する」という回答が浮かんだ場合は、お金に対する不足感が強い状態ですので、1st Step、LESSON5の豊かさを感じるトレーニングを重点的に行うようにしてみてください。

また、大金を得た場合に、「会社を辞めたい」という思いが湧き上がってきたとしたら、それは望みではなく、今の仕事や会社への不満があるということです。

「会社を辞めたい」と思ってはいけない、ということではありません。ただし、辞めてどうしたいのか、辞めて何ができれば自分が幸せになれるのかを考えるようにしましょう。

「お金があったら仕事をしないで、毎日寝るか遊んで暮らしたい」という人もいるかもしれません。

でも、ちょっとイメージしてみてください。目的もなく、毎日ダ

ラダラ遊んでいるだけで幸せでしょうか？ 今、仕事や生活が忙しくて疲れているから、そのように思うだけではないでしょうか？ 実際に楽しいのは最初の1カ月くらいで、後は飽きてしまって「暇だなぁ」と思うばかりになるのは間違いありません。そして、それは幸せな状態とは言えないでしょう。

　会社を辞めたいのであれば、「会社を辞めて何をするのか」そこが明確になっていなければなりません。「○○の会社をつくって、自分の好きなことを仕事にする」もし願うのであれば、このような理想を思い浮かべてください。

　本当に欲しいものがわかっていれば、「欲しい、欲しい！」と常に考えていなくても、後はあなたが毎日楽しくいい気分で生きてさえいれば、自然と引き寄せられてきます。**つまり、欲しいものを手に入れるためには、本当に欲しいものを知って、楽しく生きる。これだけでいいのです。**

　大切なのは、お金そのものではなく、何が欲しくて、何を実現すれば自分が幸せなのかを知ること。**自分が本当に欲しいもの、心の底から実現したいことは、お金があろうがなかろうが、自分自身が無理だと決めつけてしまわない限りは必ず実現できます。**

　ですから、お金に困ることがあったり、なかなか引き寄せられないな、やりたいことができていないな、と思ったときにも「まあ、お金がなくても何とかなるだろう」「今はお金がないからできていないけれど、いつか手に入るだろう、できるようになるだろう」と気楽に考え、お金を手に入れることより、楽しむこと、いい気分でいることを優先させましょう。

SITUATION 2

お金と豊かな生活を引き寄せるための思考トレーニング②

? 今は給料日前、銀行口座にもお財布の中にもほとんどお金が残っていません。このときのあなたの心境を書いてください。

? あなたは車を運転しています。急いで目的地に向かっていたら、スピード違反で罰金３万円を払うことに。このとき、あなたはどのように思いますか？

ANSWER 2

ベストアンサー例

質問1
・今月は○○を買えたな〜、嬉しい！
・今月は友達と美味しいお肉を食べに行ったっけ。楽しかったな。
・家賃を払ったから、今月も快適に家の中で過ごすことができたな。

質問2
・スピード違反くらいで済んで、事故ではなくてよかったな。
・罰金は痛いけど、でもまだ○万円あるから生活はできる。大丈夫！

　給料日前でお金がないとき、多くの人はこのように考えるのではないでしょうか。
　「給料日前にお金がない！どうしよう！」「どうやって生活しよう。ああ、お金が欲しい！」残念ながらこのように考えている限り、これまで以上に豊かになっていくことはありません。
　お金が足りないということにばかり意識を向けていると、お金がない現実ばかりが引き寄せられるのです。
　37ページで、すでに手に入れたものに意識を向けると、次の豊かさを手に入れることができる、とお話しした通り、お金や豊かさを望むのであれば、すでに手に入れたものに意識を向ければいいのです。給料日前にお金がないということは、その前に何かを購入したり、サービスを受けたりしているはず。**お金がないと思うか、すでに○○を手に入れたと思うかは、あなた次第なのです。**
　あなたがどこに意識を向けるかによって、これから引き寄せる現実が大きく変わってくるのです。
　次に、ふたつ目の質問について。おそらく、多くの人はこのよ

うに考えるでしょう。「あぁ、3万円が飛んだ……最悪」「確かに自分が悪いんだけど、ツイてないなぁ」「この3万円であれもこれも買えたなぁ。悔しい」残念ながら、このように考えてもあなたのザルの目は閉じていく一方です。

失くなってしまったものに意識を向けても、そのお金で買えたものをあれこれ想像して、無用の不足感を自ら創り出しても、何の意味もないばかりか、その「不足感」がまた「不足感を感じるような現実」を引き寄せるだけなのです。あなたにとっていいことは何もありません。

「起こった出来事」に対して、どんな思考を選択するか。それがあなたの人生を創っていく、ということを忘れないようにしましょう。

ですから、この場合はまず「3万円の罰金を取られたこと」はできるだけ気にしないようにしましょう。起こったことは変えられないのですから。起こったことはすべて最善だと考えるようにしましょう。

このままスピード違反を続けていたら事故になっていたところを、捕まったことにより防げたのかもしれないのです。そして、捕まったことにより、あなたはこれから安全運転を心がけるでしょう。

このように考えたら、スピード違反で罰金を取られた、ということも、それほど悪い出来事ではなかったのではないでしょうか？

「喜び」を引き寄せるのは、あなたが「喜んだ」ときであるのと同様に、「損」をするのは、あなたが「損した」と考えたときです。あなたが「損した」と考えなければ、これから「損な」現実を引き寄せることはないのです。

Amy's Advice

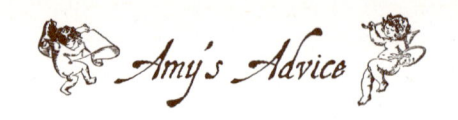

「幸せ」はどこから？

　恋愛・結婚と、お金と豊かさのトレーニングをやってきましたが、どちらにも共通する要素があったことに気づきましたか？

　それは、**恋愛・結婚＝幸せではない、お金＝幸せではない、ということです**。恋人やお金といった、自分以外のものが、自分を幸せにしてくれることはありません。これらは、あなたがそもそも持っている幸せを増幅してくれる存在ではありますが、幸せそのものには決してなり得ないのです。

　恋人やお金を望んではいけない、ということではありません。そこは誤解しないでくださいね。

　そういった望みは望みとして持ちつつ、**「自分で自分を幸せにすること」「自分で、今の現実の中に幸せや豊かさを見つけること」「今を楽しむこと」**これらが、あなたの人生を素晴らしいものにしていってくれるのです。

　これまでは、**「恋人がいなくては」「結婚していなくては」「お金がなくては」**幸せになれない、そのように考えていた人も多いでしょう。しかし、これらは**全部幻想**です。

　幻想に惑わされて、あなたの人生を浪費してしまうのは、なんとももったいないことです。「幸せ」になることって簡単なんだ、そのように気づけたら、あなたはあなただけの素晴らしい人生を歩んでいけるでしょう。

SITUATION 1

仕事の成功と充実を引き寄せるための思考トレーニング①

ここからは、「仕事・やりたいこと」に関する「引き寄せ」のトレーニングを行います。これから提示するシチュエーションに置かれた場合、あなたならどう考え、どう行動しますか？ まず自分の頭で考えた答えを、このページに書き、その後で次のページのベストアンサー例を確認しましょう。

? 今の職場を辞めて転職したいと思っているあなた。なぜ転職したいのでしょうか？ その理由を書き出してみてください。

? 現在の職場に不満があるあなた。では、逆に気に入っている部分、好きな部分はどんなところでしょうか？ 思いつくだけ書いてみましょう。

ANSWER 1

ベストアンサー例

質問1
・自分のやりたい仕事を見つけたから。
・ステップアップのため。

質問2
・やりたい仕事がある。
・福利厚生がしっかりしている。
・尊敬できる上司がいる。
・通勤しやすい　等。

　「転職したい」という願いの裏にあるものは、大きく2種類に分けられます。ひとつは、ベストアンサー例にあるような前向きな転職。前向きな転職の場合は、あなたが明確なビジョンを持ち、ワクワクした気持ちで転職活動をしていれば、望んだ現実を引き寄せることができるでしょう。

　問題は、もうひとつのケース。現在働いている職場に不満があって「辞めたい」と考えている場合や、「もっと給料がいい職場で働きたい」「しっかり休めて残業のない職場で働きたい」など、よりよい条件を求めている場合です。

　後者のケースの場合、今のままでは幸せな現実を引き寄せることはとても難しいでしょう。

　今、あなたが職場にたくさんの不満を持っているということは、あなたは、「不満を探す」のが上手になってしまっているということなのです。

　仮に、転職に成功することができたとしても、新しい職場で少し

でも不満な出来事があれば、それが引き金となり、同様の悪循環が起こってしまうでしょう。

　これでは、永遠に満足できる仕事に就くことはできません。

　ですから、転職するにせよ、しないにせよ、不満のループから抜け出す方法を知っておくことが大切です。

　抜け出す方法は、実はとても簡単。

　不満な部分はそれはそれとして、職場や仕事について気に入っている点、満足している点を探すのです。どんなに小さなことでも構いません。少しでも「いいな」と思える部分を探してみましょう。

　たとえば、「残業が多いのが不満だけど、土日はしっかり休めるところがいい」「人間関係が険悪で疲れるけれど、尊敬できる上司が一人いる」「自分に合った仕事が割り当てられず不満だけど、他のスタッフから感謝されるのは嬉しい」など、探せば必ずあるはず。

　どうしても思いつかない！　という人は、このように考えてみてください。「たくさん不満はあるけれど、毎月決まった日に給料が振り込まれて、そのおかげで毎日生活することができている」と。

　あなたが望まないこと（不満のある職場のこと）ばかりを考えている限り、望むこと（やりがいがあって楽しく満足する職場）を引き寄せることは絶対にできません。

　ですから、自分が望むこと（職場で満足している点）に意識を向けて、そのことを重点的に考えるようにする必要があるのです。

　また、とりたてて不満があるわけではないけれど、もっと給料の

いい仕事、休みがたくさんある仕事、ボーナスが出る仕事など、よりよい条件を求めている場合もあるかもしれません。

　それが悪い、というわけではありませんが、これでは転職に成功したとしても、しばらくするとまたもっとよい条件を求めて、同じように「転職したい」と願うことになるでしょう。

　ですから、このケースも先ほどの場合と同じように、自分がいいと思うところを探して、そちらへ意識を向けるようにしてみてください。

　「給料はそこそこだけれど、私のことを信頼して仕事を任せてくれているところはいいな」「休みはもっとあるといいと思うけれど、アットホームで社員同士仲がよくて居心地はいいな」など。いいところに目を向けているうちに、今の職場でも十分いい気分で働けることに気がつき、「転職しなくてもいいか」と思えるかもしれません。

　あなたがそのような気持ちになれたとき、職場は変化するでしょう。実際に、給料がアップしたり、休みが増えたりするということが起きてくるのです。

　重要なのは、あなたが、まず今の職場、目の前の仕事の中に、やりがいや楽しみやいいところを見つけること。

　あなたが、一番いい形で次のステージに進むには、まず今の仕事に前向きに取り組み、充実やワクワクを感じるしかないのです。

　あなたが、今感じている充実やワクワクが、さらなる素晴らしい仕事を引き寄せることになるでしょう。

SITUATION 2

仕事の成功と充実を引き寄せるための思考トレーニング②

? あなたと同じ時期に入社した同僚が、あなたよりも先に昇進しました。役職がついて、給料もアップしたようです。あなたはどう思いますか？

? 今から、どんな仕事にでも就けるとしたら、何をしたいですか？可能・不可能や、年齢、給料のことなどは考えず、純粋に自分が憧れる職業・やりたい仕事を書きましょう。

ANSWER 2

ベストアンサー例

質問1
・（本心から）おめでとう！
・次は自分の番に違いない。

質問2
・カメラマン、旅行家、料理家、サッカー選手、お笑い芸人　等
（条件や現実的かどうかではなく、自分が本当になりたいもの）

　自分と同じ時期か、あるいは後から入社してきて、同じような仕事をしていた同僚が、自分よりも先に昇進したとき、あなたはどのように感じるでしょうか？　おそらく、言葉では「おめでとう」「頑張っていたものね。よかったね」なんて言いながら、心の中では「どうして私よりも先にあの人が」「私の方がデキるのに、なぜ評価されないの」と、悔しさや嫉妬心がうずまくのではないでしょうか。
　でも、**もしあなたが純粋な気持ちで心から同僚に「おめでとう」と言えたら、次に昇進するのはあなたです**。昇進、独立など、周りの人の成功が目に入ってくるということは、あなた自身もそういった未来に近づいている証拠。そもそも近づいていなければ、目に入ってこないはずのものなのです。なぜなら、あなたは、あなたの今の状態からかけ離れたものを周囲に引き寄せることはないのですから。そう思うと、素直に祝福できる気がしませんか？
　しかし、**せっかくあなたの素敵な未来の姿がすぐそばに見えているのに、悔しさや嫉妬心などマイナスの感情にとらわれてしまえば、あなたのザルの目は閉じてしまい、幸せな現実を自分のものにする**

ことが難しくなってしまうでしょう。

　ふたつ目の質問は、今の仕事にあまりやりがいを感じられない人や、自分がやりたい仕事がわからない人に向けたトレーニングです。
　子供の頃は、「アイドルになりたい」「お花屋さんになりたい」「パイロットになりたい」「サッカー選手になりたい」など、可能か不可能かなんて考えず、自由になりたいものについて思い、言葉にすることができていたはずです。
　しかし、**大人になるにつれて、年齢や生活環境など様々な要因を理由に「現実的に無理だから」と諦めるようになり、最終的に「自分ができそうなこと」の中から仕事を探す人が多いのではないでしょうか。** 初心に戻り、どんな仕事なら自分がワクワクできるか考えてみてください。様々な条件は脇に置いておいて、自分がこれさえやっていれば幸せ、というところまで突き詰めて考えてみましょう。「そうは言っても、私がアイドルになるのは無理でしょ？」とか、「この年齢で今からサッカー選手になるのは不可能でしょ？」と思う人もいるかもしれません。
　ここで、願いの本質を探ってみてください。なぜあなたはアイドルやサッカー選手になりたいのでしょうか？　「アイドルになりたい」という夢を突き詰めて考えてみたとき、奥底に隠されている本当の願いがあるはずです。たとえば、「歌を歌いたい」「踊りたい」「素敵な服を着たい」など。本質を探っていくと、アイドルという職業にこだわらなくても、叶えられることなのです。
　また、サッカー選手になりたい理由が、「サッカーが好きだから」

だとしたら、趣味でサッカーをするなり、あるいはサッカーのコーチになるなり、「あなたがやりたいこと」を実現する手段はたくさん考えられます。

「やりたいことをやること」そこに、あなたの幸せがあります。あなたの本当の望みは、サッカー選手になることではなくて、サッカーをすることなのです。「サッカー選手になったら、有名になってたくさんお金が稼げる」という思いはあってもよいのですが、それではサッカー選手でなくても稼げればいいのでしょうか？　そうではなく、あなたは「サッカーがしたい」はずです。

たとえ今すぐお金にならなくても、誰からも評価されなくても、自分が最も幸せでワクワクする時間を過ごせること。そこに、あなたの人生を充実したものにする鍵が潜んでいます。これこそ、あなたが本当にやりたいこと、あなたが幸せになれることなのです。

あなたのやりたいことを続けていくと、最初は趣味で始めたとしても、あなたがそれで生きていくのだ、と決心すれば、不思議なことに、続けているうちに仕事に結びついてきます。つまり、「好きなことでお金を稼ぐ」という最高の現実を引き寄せていけるのです。「夢が叶わなかった」と嘆いている人は、途中でやめてしまっているから。すぐにお金にならないからと諦めてしまっているからかもしれません。

もし、あなたが本当に夢を叶えたいと思うのなら、ただ、自分がワクワクすることを続けてみてください。いつかきっと、「好きなことを仕事にして生活が成り立つ」という、最高に幸せな現実を引き寄せることができるでしょう。

2nd Step 「引き寄せ力」を磨く

SITUATION 1

美と健康を引き寄せるための
思考トレーニング①

ここからは、「美容・健康」に関する「引き寄せ」のトレーニングを行います。これから提示するシチュエーションに置かれた場合、あなたならどう考え、どう行動しますか？ まず自分の頭で考えた答えを、このページに書き、その後で次のページのベストアンサー例を確認しましょう。

？ あなたは「痩せたい」という願いを持っています。
なぜ痩せたいのでしょうか？ その理由を書きましょう。

....
....
....
....

？ 暴飲暴食をしたわけでもないのに、いつの間にか体重が3kg増えていました。このとき、あなたはどう思いますか？

....
....
....
....

ANSWER 1

ベストアンサー例

質問1
・痩せて、あの素敵な服を着たいから。
・その方が、お肌の調子や体調にももっとよい影響があるから。

質問2
・3kg くらい増えたところで、どうってことないわ。
・3kg 体重は増えたけれど、ちょっとセクシーになったわ。

　多くの女性は、「痩せたい」という望みを持っていますが、それはなぜでしょうか？「痩せたい」という望みの本質が「自分のため」であればよいのですが、ほとんどの場合、「人目が気になるから」「その方が異性からもてそうだから」というものではないでしょうか？

　その場合、あなたは「痩せたい」と望んでいるのではなく、「他人に自分をよく見てほしい」と他人へ要望しているのです。あなたは、自分で自分を認めることはできますが、それを他人にやってもらおうとする限り、本当に満たされることはないでしょう。

　また、「痩せたい」理由が、「自分が太っていると思うから」ということでしたら、自分が自分のことを「太い」と思っているその思考が現実になってしまいます。

　たとえ、運動や食事制限を頑張ってダイエットに成功して一時的に痩せられたとしても、「自分が太っている」という思いにとらわれている限り、何度もリバウンドしてしまうでしょう。

　ではどうすれば痩せることができるのでしょうか。

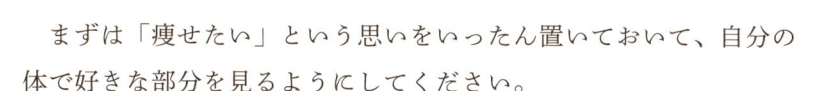

まずは「痩せたい」という思いをいったん置いておいて、自分の体で好きな部分を見るようにしてください。
「体重は標準より太めかもしれないけれど、肌はキレイ」「理想体重ではないけれど、今の髪形は似合っている」「体重は前よりも増えたけど、胸の形は好き」など。
　このように、少しでも気に入っている部分を見つけて、自分をいい気分にしてあげてください。何度もお伝えしている通り、自分がいい気分になると、引き寄せの力が働いて、さらにあなたがいい気分になれる現実がやってきます。そうしているうちに、自然と痩せてちょうどいい体重になっているのです。
「綺麗になりたい」という願いも同様です。それが自分のためであればよいのですが、人からどう見られるかを気にしている限り、あなたはいつまでたっても、「心からの満足」「心からの幸せ」に辿り着くことはできません。
　人から褒められることや、ちやほやされることが「幸せ」と思っているうちは、本当の幸せに辿り着くことはできません。なぜなら、「幸せ」は必ず自分の内側から出てくるものだからです。
　日々のおしゃれを自分のために楽しむことはもちろん素敵なことで、自分の好きな洋服であったり、メイクを思い切り楽しめばいいのですが、過剰に美しさを目指す必要は全くありません。
　毎日をワクワクしていい気分で、前向きに過ごしていると、あなたは、どんどん輝いてきます。そのように輝いていれば、同性も異性も素敵な人が自然と集まってくるようになるでしょう。

ふたつ目の質問について。

おそらくほとんどの人は、このように思うでしょう。「3kgも増えちゃった！どうしよう！」「3kgも増えるなんて最悪。運動しなくちゃ！」もしあなたが「引き寄せ力」を磨きたいと思っているのなら、このような考え方からは脱却していく必要があります。自分のベスト体重よりもオーバーしてしまっているというのは、何らかのストレスや不足感を抱えている証拠。その不足感から、いつもより食べ物を求めてしまうのです。ですので、そのことはいったん置いておいて、できるだけいい気分でいられるように心がけていれば、自然とベスト体重になっていくだろう、と気楽に考えましょう。3kg増えたことを気にするのではなく、あなたがいい気分になれる別のことに意識を向けるようにするのです。

先ほどもお話ししたように、自分の体のいいところ・好きなところに目を向けて「3kg体重は増えたけれど、〇〇なところは気に入っている」と考えるか、3kg増えたことは忘れて、別のいい気分になれることを考えましょう。

体重や体形をなんとかしよう、と思っている限り、「なんとかなっていない体重や体形」の方が現実化してきます。

ですので、その根本を見直さなくてはいけません。**食べ物以外のところで、自分を楽しませる、自分を満たすようにするのです。**そうして、自分が満たされると、あなたは不足感から食べ物を求める、ということがなくなり、適度で適切な食生活と、健康を取り戻せるでしょう。

SITUATION 2

美と健康を引き寄せるための思考トレーニング②

? あなたは最近、自分の体重・体形のことが気になっています。そんなとき、とても美味しそうだけれど、カロリーも高そうなケーキをもらいました。さあ、どうしますか？

....
....
....
....
....

? これから先、ずっと健康な体で過ごすためには、どうしたらいいと思いますか？ その方法について書きましょう。

....
....
....
....
....

ANSWER 2

ベストアンサー例

質問1
・頂いたことをありがたいと思いながら、美味しく食べる。
または、
・食べない。そしてすっきり忘れる。

質問2
・毎日の生活をできるだけいい気分で過ごす。
・何事も深刻に受け止めず、気楽に生きる。
・自分らしく生きる。

　自分の体形が気になっているとき、痩せたくてダイエットをしているときに、自分の大好物が目の前にあったとしたら、あなたは我慢するでしょうか？　それとも、罪悪感を抱きながら食べるでしょうか？
　多くの人は食べるか食べないかで悩んでしまうかもしれません。しかし実は、食べる・食べないは問題ではないのです。**重要なのは、「あなたが、どんな気分で食べるのか、または食べないのか」**。「ああ、また太っちゃうな」という気持ちでケーキを食べたとしたら、その通りに太る現実を引き寄せるでしょう。
　だからといって、「太ってしまうから食べない」と渋々我慢したら、それではいい気分になれませんね。
　食べると決めたのなら、「美味しい、嬉しい、幸せ、ありがとう」という気持ちでケーキを食べましょう。「太る」と思って食べるから太るのであって、幸せな気持ちで食べれば、幸せな現実が引き寄せられます。あなたが本当に幸せな気分であれば、それ以上暴飲暴食をしてしまうということはありませんし、食事も運動もバランス

が取れていき、太るということはないでしょう。

　食べないのであれば、すっきり忘れて、別の気分のよくなることに意識を向けましょう。

　ケーキに限らず、普段の食事も**「美味しい、嬉しい、幸せ、ありがとう」という気持ちで食べるようにすることが、あなたに美と健康をもたらします。**

　ふたつ目の質問は、健康を引き寄せる方法についてです。「病は気から」と言いますが、**「病気になったらどうしよう」「（病気が怖いから）健康的な生活をしなくちゃ」と考えてばかりいると、健康ではないという現実を引き寄せてしまいます。**

　そうならないためには、毎日をできるだけいい気分で、楽しく過ごすこと。宇宙からのエネルギーをたくさん受け取ることにより、健康をも引き寄せていけるのです。

　また、自分らしくストレスを溜めずに生きるということも、健康を引き寄せるためにはとても大事なことです。

　健康には、適度な運動や、適切な食生活を心がけることが最優先だと思うかもしれませんが、あなたがいい気分でいれば、自ずと自分にとって必要な運動をするようになったり、体によい食べ物を欲するようになります。

　食べ物については、添加物や食の安全を気にする人もいるかと思いますが、それらを過度に心配してもいいことはありません。無理なくできる範囲で対策をするのはよいと思いますが、「目の前にあるものを美味しく、感謝して食べる」これ以上に健康を引き寄せることはないでしょう。

Amy's Advice

仕事も美も健康もあなた次第

　これまでは、あなたは「世の中には自分ではどうしようもないこと」があって、それによって自分の人生が振り回されてしまうことを仕方がない、と思っていたかもしれません。

　そうですね、本当に人生には様々なことが起こります。それは、「引き寄せ」を知り、「引き寄せ力」を磨いていったとしても同じでしょう。

　もし、いいことしか起こらないと決まった人生を目の前に用意されたとしたら、最初は嬉しいかもしれませんが、いずれ、そのゲームに興味を失くすでしょうから。

　だから、この世の人生というのは、いいことだけが起こるようには創られていないのです。

　しかし、**「起こった出来事に対して」**自分がどのように捉えるか、どのように意味付けするか、その選択権は、いつでも自分にあるのです。「引き寄せ力」を磨いていけば、そのことを理解し、実際にそのように生きていくことができるでしょう。

　そして、**自分が本当に望むことは、今の人生で叶うのだ**、ということも知るでしょう。

　仕事も、美も、健康も、自分の力でどうにもならないものでは決してありません。あなた次第で、あなたの望む幸せな現実は必ず創っていけるのです。

SITUATION 1

良好な人間関係を引き寄せるための思考トレーニング①

ここからは、「人間関係」に関する「引き寄せ」のトレーニングを行います。これから提示するシチュエーションに置かれた場合、あなたならどう考え、どう行動しますか？ まず自分の頭で考えた答えを、このページに書き、その後で次のページのベストアンサー例を確認しましょう。

? あなたは、両親、特に母親との仲が悪く、日々の生活にストレスを感じています。どうしたら、家族との関係を改善し、精神的に安定した日々を過ごせるようになると思いますか？

....
....
....
....

? あなたは、友達が欲しいと思っています。どうしたら、気の合う素敵な友達を「引き寄せ」できると思いますか？
その方法について書いてみましょう。

....
....
....
....

ANSWER 1

ベストアンサー例

質問1
・できる限り、母親のいい面を見るようにする。
・この関係から学べたことは何なのか考え、そこに感謝する。
・（同居している場合）独立して別居する。

質問2
・自分の時間を楽しむ、好きなことをする。
・趣味の集まりに出かけたり、習い事を始めてみる。

　両親、子供、親戚など、家族との人間関係に悩んでいる人はたくさんいると思います。

　赤の他人よりも関係が深く、切っても切れない縁だからこそ、その悩みが深くなってしまうこともあるかもしれません。

　まず大前提として知っておいてもらいたいのは、今あなたがいる環境は、あなた自らが選んで「そうなっている」ということです。
「でも、子供は親を選べないよね？」このように思う人もいると思いますが、もっと大きな視点からお話しすると、人生でやりたいこと、経験したいことをするために最適な環境を、あなた自身が選んで生まれてきているのです。

　もし、あなたが親との関係に悩んでいて、「もし母親がこうだったら私は違った人生を歩めた」「父親がこんな風だったらよかったのに」というように思っていても、決して未来は拓かれません。

　そうではなく、この関係から何が学べたのか考えてみましょう。少なくとも、「こういう育てられ方、接し方をされたら嫌だな」「自分の子供には、違った接し方をしよう」という学びを得られたとい

うことに気づくはずです。また、他にもたくさん学んだことはあるでしょう。

そして、両親や他の家族がどうあるかに関係がなく、自分は自分の道を歩いていってもいいのです。

あなたは、人生をダメにされた、と両親を恨み、今後も恨みを募らせる人生を選択することもできれば、過去は過去として、新しい輝かしい未来をつくっていくこともできるのです。

どちらを選択するかは、いつだってあなた次第。

続いて、ふたつ目の質問について考えてみましょう。

仕事の同僚や、学生時代の友人はいるけれど、休日に一緒に遊んだり、悩みを打ち明けたりする友達がいなくて、孤独感を抱いている人も多くいるようです。

子供の頃や学生時代とは違って、大人になると友達づくりがとても難しいことのように思えるのも事実。

では、理想の友人を引き寄せる方法は何でしょうか？　答えは、52ページでお話しした「恋人を引き寄せる方法」と同じです。
「友達がいなくて寂しい」「友達が欲しい」ということばかりを考えていると、「友達がいなくて寂しい現実」を引き寄せてしまいます。

ですから、「友達がいなくて寂しい」という思考はいったん置いておいて、まずは自分の生活を楽しんでください。

友達がいなくても、ひとりでできることや、没頭できる趣味があるのなら、それを楽しみましょう。新たに趣味の集まりに参加したり、前からやってみたかった習い事を始めるのもいいでしょう。

その場所に「友達をつくるために」行くのではなく、あくまでも「自分が本当にそれをしたいから」行くのです。
　そうして自分を楽しませているうちに、楽しんでいるあなたの周りに人が集まり始めるでしょう。
　「他のみんなにはたくさん友達がいるのに」「私に魅力がないから、友達ができないのかな」などと、他人と比較して劣等感を持ったり、焦ったりする必要は全くありません。人は人、自分は自分です。

　「引き寄せ」というと、どうしても「引き寄せたいものを強くイメージしなければならないもの」と捉えられがちですが、そうではないのです。友達が欲しい、という望みは持ってください。それは否定しないでください。
　でも、その願いを叶えるには、「友達が欲しい」と強く思っていてもだめなのです。強くそう思う、ということは「現実には友達がいない」という強い不足感を抱いている、ということで、その不足感が、また不足感を感じる現実を引き寄せるだけだからです。
　どんなことでもそうですが、**自分の望む現実を引き寄せるための最短距離というのは、「引き寄せ体質」になる、ということなのです。それは、毎日をいい気分で、前向きに生きる、ということ。そして、自分らしく生きるということです。**
　そのようにして過ごしていれば、あなたは磁石のように望むものは何でも引き寄せていけるでしょう。

SITUATION 2

良好な人間関係を引き寄せるための
思考トレーニング②

? あなたには、どうしても好きになれない人、苦手な人がいます。その人の存在がストレスになってしまっているのですが、どうしたらそのストレスがなくなると思いますか？

....
....
....
....
....
....

? 嫌いな人、苦手な人を一人思い浮かべてください。その人の「いいところ」を書き出してみましょう。たくさん見つからなければ、ひとつだけでも構いません。

....
....
....
....

ANSWER 2

ベストアンサー例

質問1
・その人のいい面を見て、そこに意識を向けるようにする。
または、
・その人のことはできる限り考えない。

質問2
・仕事だけはできる。
・服のセンスだけはいい　等。

　誰にだって、嫌いな人や苦手な人がいるのは当然です。
　でも、自分以外の誰かを変えたり、自分の思い通りにしたりすることはできません。誰も、あなたを幸せするために生きているのではなく、自分を幸せにする責任は自分にあるのです。
　ですから、人間関係における悩みも「〇〇さんと相性が悪いから、〇〇さんがどこかへ異動してしまえばいいのに」「△△さんは嫌な人なので、△△さんに変わってほしい」などと考えていても、現実がよくなってくることはないでしょう。
　相手の不満なところばかりを考えていると、その不満がさらにその相手に不満を持つような出来事を引き寄せてしまいます。
　人間関係に不満があるときは、不満を持っている相手について、少しでも「いいな」と思える部分を探しましょう。
　たとえば、「私とはうまくいかないけれど、仕事への意識が高いところは尊敬できるな」「私とはうまくいかないけれど、家族を大切にしているところは素敵だな」など。

性格や行動で好きなところが見つけられないときは、たとえば「この人のネクタイの趣味はいいな」とか「いつもセンスのいい服やバッグを身に着けているな」など、持ち物でも構いません。嫌だ、不満だ、という思考に自分を支配させないことが大事なのです。

どうしても、いいところが見つからないときは、「私の引き寄せ力を磨いてくれる練習台になってくれているありがたい人」と考えるようにしましょう。

人間関係を改善するには、このように、相手のいい面を自分から積極的に探すか、その嫌いな人にはできるだけ意識を向けない、その人のことは考えないようにする、ということが必要です。

また、もし職場での人間関係に悩んでいるのだとしたら、嫌いな人のことはいったん置いておいて、楽しんで仕事をしてみてください。あるいは、同性でも異性でも構わないので、職場にいる「好きな人」のことを考えましょう。

とにかく、あなたがいい気分でいることが重要です。

「仕事が楽しいな」「好きな人と働けて嬉しいな」ということに意識が向いていれば、自然と人間関係のストレスも薄れていきます。

どんなに性格が悪いと思う人がいても、ひどいと思う人がいても、その人が、自分にどんな影響を及ぼすかは、自分で決められるのです。いい人間関係を望むならば、自分に関係のある人たちの、いい面を見なくてはいけないのです。

それだけで、良好な人間関係はあなたのものになるでしょう。

Amy's Advice

喜びを分かち合える人間関係をつくるために

　悩みのほとんどは人間関係だ、と言ってもいいくらいに、人間関係について悩みを抱えている人は多いようです。

　そして、多くの人は良好な人間関係を望んでいるにもかかわらず、「あの人のあんなところが嫌い」「あの人は間違っているよね」と普段考えているのです。これは、**あなたの望みと思考が全く一致していない状態**です。

　嫌いな人もいれば好きな人もいる、それは当然のことで、すべての人を好きになる必要は全くありませんが、**あなたがもし「良好な人間関係」を望むのであれば、目の前の人と自分の間のどこに「良好な人間関係」があるのかを常に見るようにしなくてはいけないのです。** どの部分を見れば、自分はその人と「良好な人間関係」を築けるのかということを考えなくてはいけないのです。

　望みと思考が一致していけば、あなたの望みは、必ず叶うでしょう。そして、「喜びを分かち合える人間関係」を手に入れることができるのです。

　自分を楽しませたり、いい気分でいるように心がけ、今ある人間関係の中にもいい面を見るようにしていると、いつの間にか、喜びを分かち合える素敵な人々に囲まれるような人間関係を手に入れることができるでしょう。

まとめのワーク

? ここまで、「恋愛・結婚」「お金」「仕事・やりたいこと」「美容・健康」「人間関係」と５つの項目についてシチュエーション別の質問をしました。
あなたがベストアンサーの通り、またはそれに近いものを答えられたのは、どの項目でしたか？　また、答えられなかったのはどの項目ですか？　それぞれ丸を付けましょう。

[ベストアンサー通りに答えられた]

恋愛・結婚／お金／仕事・やりたいこと／美容・健康／人間関係

[ベストアンサー通りに答えられなかった]

恋愛・結婚／お金／仕事・やりたいこと／美容・健康／人間関係

答えられなかった項目は、まだあなたが上手に「引き寄せ」できていない項目です。もう一度ページを戻って、どのように思考することが大切か、確認しましょう。

? 29〜39ページで紹介した「毎日行うトレーニング」は行っていますか？

☐「いいこと探し」のトレーニング
☐「ワクワク探し」のトレーニング
☐「感謝できること探し」のトレーニング
☐「豊かさ」を実感するためのトレーニング

どれも「引き寄せ力」アップのために大切なワークですので、できるだけ毎日続けるようにしましょう。

COLUMN 5

「引き寄せ力」を高める
瞑想のレッスン

　実は、瞑想と「引き寄せ」にはとても深い関係があります。
　1st Step で「愛と豊かさのエネルギー」を受け取るために、ザルの目をめいっぱい広げておきましょう、とお話ししました。
　瞑想にはこのザルの目を広げる効果があります。瞑想を行うことによって、ザルの目が広がって、愛と豊かさのエネルギーをどんどん受け取り、「引き寄せ力」をアップさせてくれるのです。
　ここでは、誰にでも簡単にできる瞑想の方法をご紹介します。

> ❶ 瞑想は静かな場所で行います。無音でもいいですし、自分がリラックスできるようなヒーリングミュージックをかけても OK。
> ❷ 目を閉じ、リラックスして呼吸を繰り返します。「1.2.3」で息を吸って、「4.5.6.7.8」で深く吐きましょう。
> ❸ 雑念が浮かんできたら、その雑念をただ観察して流すようにし、呼吸に意識を集中してください。雑念を無理に消そうとする必要はありませんので、息を吸って吐くことに意識を向けましょう。
> ❹ 瞑想は 15 分程度の時間でいいので、できるだけ毎日続けましょう。

　毎日続けていると、ザルの上の世界とつながりやすくなり、「引き寄せ力」が強まってくるのを実感できるようになります。
　なかには、瞑想している途中に手や足の先にピリピリとした刺激を感じる人もいるかもしれません。
　これこそが、あなたに流れ込んできた「愛と豊かさのエネルギー」。目には見えないものが、瞑想によって感じられるようになることがあるのです。瞑想は、あなたを「引き寄せ体質」へと導いてくれるでしょう。

Final Step

「引き寄せ力」を
完全なものにする

Lesson 1
自分の好きなところ・もの・ことに
思考を集中させる

Lesson 2
どんなときでも「自分が自分でいる」ために

Final Lesson
さあ、思い通りの未来を呼び込もう

「引き寄せ力」を確実にするためには
自己肯定が大切

　1st Step、2nd Step では、あなたの中に必ずある「引き寄せ力」を磨き、「引き寄せ体質」になるための考え方を、あなたの日常の中に落とし込むためのトレーニングを行ってきました。
　ここまで読んでトレーニングを行ったあなたは、以前よりもずっと「引き寄せ上手」になっていると思います。そして、自分の思考を変化させただけで、本当に現実が変わるのだ、という体験をすでにした人もたくさんいるでしょう。

　本章では、あなたの「引き寄せ力」をさらに確実なものにして、望む現実の引き寄せをさらに加速させるための、大切なポイントについてお話しします。
　それは、「自己肯定力」を高めていく、ということ。
　自分自身を認め、満たし、信じていくことができれば「引き寄せ力」はどんどん高まります。
　逆に、自分で自分を否定ばかりしていたり、自分のことをないがしろにしていれば、本当に思い通りに望みが次々と叶っていく、というような状態にはなかなか達することができません。
　2nd Step までは、主に、自分の周囲で起こったことや、周囲の人間関係に対して、「いい気分でいられる思考を自分で選択する」ということを行ってきました。
　それと同じくらい、**「自分自身に対していいところを見る、自分自身**

を認め、満たしてあげる」ということも大事なのです。
　このことを式にしてみると、このようになります。

| 自分をいい気分にできる思考力 | × | 自己肯定力 | = | 引き寄せ力 |

　このふたつの力がどちらもついてくると、あなたの「引き寄せ力」は揺るぎないものになり、まさに**望みは次々と叶う、人生は思い通り、というような状態**になっていくことでしょう。

　では、なぜ自己肯定が「引き寄せ力」をアップさせるのでしょうか？「引き寄せの法則」は「自分の思考・感情・気分」と同調するものが自分に引き寄せられてくる、という宇宙の法則であることはお話ししましたが、つまり、**「現実はすべて自分自身の反映」**なのです。
　そのため、自分のことを認めれば認めるほど、「自分のことをさらに認めることができるような」現実が引き寄せられてきます。
　逆に、自分を否定ばかりしていれば、「もっと自分を否定したくなるような」現実を引き寄せてしまいます。
　また、自分を否定していれば、気分がいいはずはありません。
　そのような状態ですと、1st Step でもお話しした「ザルの目」が閉じてきてしまい、宇宙の愛と豊かさのエネルギーがなかなか感じられない、という状態になってしまうのです。

　では、「自己肯定力」を高めていくにはどうしたらいいのでしょうか？
　多くの人は、この問いに「自分を好きになること」と答えるでしょう。もちろんその通りで、そもそも自分のことが大好き、という人もいると思います。そのような人は、そのままのあなたでいきましょう。

しかし、なかなか自分が好きになれず、無理に自分を好きになろうとして失敗したり、「自分を好きなつもり」になっているだけだったりと、なかなかうまくいかないという人も多いでしょう。
　いきなり自分を好きにはなれない人は、下記のようなことから始めてみてください。

○自分に注意を向け、自分が何をどう思うかを知ること。
○自分のいいところに目を向けて、どんなときでも自分で自分の味方になってあげたり、自分を褒めること。
○自分の喜びは何か、どんなことに幸せを感じるか、どんなことが好きなのか、何がしたいのか、どうすればいい気分になれるのかを知り、それに従って行動すること。つまり、自分を満たすように心がけること。
○自分の考えや行動を自分で決めること。そして、自分で決めたことを信頼すること。
○ありのままの自分を無条件に価値のある存在だと認め、自分に自信を持つこと。

　今まで、他人のことや、他人からどう思われるか、あるいは仕事のことばかり考えていた、ということはあっても、自分に注意を向けることはあまりなかったな、と気づいた人もいるかもしれません。
　まずは、自分で自分のことを考える時間を多くしていくことから始めましょう。きっと、これなら誰にでもできるはずです。
　ここは注意してほしいのですが、自己肯定というのは、「自分が正しくて、他人が間違っている」「自分は優れていて、他人は劣っている」「他人の評価によって、自分に自信を得る」ということではありません。
　そもそも、自己肯定に他人は一切関係ありません。

自分が自分をどう思うか、そして自分がどのような行動をとるか、それだけのことなのです。

また、「自分を愛するとか、満たすとか、ただのエゴイストになってしまいませんか？」「自分のことばかり考えるなんて、利己主義ではありませんか？」と思って、なかなか「自分で自分を認める、満たす」ということができない人もいるかもしれません。

なかなか自己肯定できない人の多くは、自分を愛すること・認めることに後ろめたさや抵抗を感じて、躊躇してしまっている人も多いのです。

でも、ちょっと考えてみてください。あなたが幸せで満たされた気持ちのときと、不満や不安でイライラしていたり、気分が落ち込んでいるとき、どちらが余裕を持って他人に接することができますか？　どちらが他人に優しくできますか？

そう、紛れもなく自分が幸せで満たされているときの方が、他人へもその幸せを広げていくことができるのです。

エゴイスト、利己主義というのは自己肯定とは全く別のもので、自らが満たされていないからこそ、他人に何かをしてもらおうとしたり、自分が中心になりたがったりすることになります。

つまり、**自分で自分を認め、満たすことができていないからこそ、他人に何かを求めるのです。**

きちんと自分で自分を満たすことができていれば、誰かに何かをしてもらおうとか、誰かに愛してもらわなくては自分は幸せではない、と思うことは少なくなっていくでしょう。

さらに、自己肯定がしっかりできている人は、逆に他人に自らの幸せのエネルギーを広げることもできます。

あなたが自分を満たし、認めていくことができれば、結果的に周囲の

人たちにもいい気分や幸せをもたらすことになるのです。
　ですから、**自分を愛すること、満たすことに抵抗を持たないでください。自分をめいっぱい愛することができれば、あふれた愛はあなたの周りにいる人にも降り注ぎます。**
　また、自分で自分のいいところを認めることができるようになればなるほど、他人のいいところにも目がいきやすくなるでしょう。

　繰り返しになりますが、自己肯定とは、「無理に自分を好きになりなさい」ということではありません。これまでのように、他人や外側のことばかり考えるのをやめて、自分のことを考える時間を増やしていってもらいたいのです。
　自分は今どう思っているのか、どのように感じているのか、なぜそのように感じるのか、何を望んでいるのか、何をしていたら幸せなのか。これらのことに注意を向けて、自分自身を知って認めましょう。
　あなたは、そもそも、**自分の現実を自分の自由に、思い通りに創造する力を持った、素晴らしい存在なのですから。**そのことを思い出していくだけでいいのです。
　今はまだそう思えなかったとしても、そう遠くない将来、あなたの腑に落ちる日が来るはずです。
　そうすれば、あなたの人生はすべてあなたの望み通り！
　面白いほどに「引き寄せ」がうまくいくようになるでしょう。

　それでは、早速次のページからあなたの「引き寄せ力」を完全なものにするためのトレーニング＝自己肯定のトレーニングを行っていきます。
　まずはじめに、自分自身と自分の好きな物事に徹底的に意識を向けるというトレーニングを行います。

その後は、どうしても気になってしまう他人との関係や、嫌な感情との付き合い方のトレーニング。

　最後のトレーニングでは、望んだ通りの現実を引き寄せるために、すべてのトレーニングを終えた今、再度、あなたが望むことを書き出してもらいます。本書を初めて開いたときから、望みが変わっていたり、望みが望みでなくなっているということもあることでしょう。

　なぜなら、あなたはすでに、「幸せ」とは自分の内側から来るものだということを知っているからです。そして、世の中や他人がいいというものではなく、自分が本当に何が欲しいのかを知り、どうすれば自分が満たされるのかを知っているからです。

　「引き寄せ力」を磨くトレーニング終了まで、あと少しです！
　最後まで、ワクワクな気持ちでザルの目をめいっぱい広げて、ページを開き、トレーニングを行っていきましょう。

LESSON 1

自分の好きなところ・もの・ことに思考を集中させる

　ここからは早速、自己肯定のために自分を知るトレーニングを始めていきたいと思います。

　まずは、自分自身が思う、「自分の好きなところ、いいところ」について考えてみましょう。

　何かを引き寄せたいと思うときには、「もっとこうなったらいいのに」「こんなことができればいいのに」「ここがこうなれば、もっと自分に自信が持てるようになるのに」と考えてしまいがちです。

　しかし、「(今、自分にないものを) 欲しい、欲しい」「その状態になったり、それを手に入れたりしたら幸せになれる」と考えているということは、「それがない状態」のことばかりに意識が向いてしまっていますし、「今の自分」に対していいところを見ることができていない、という状態です。

　「今、自分にないもの」のことを考えるのは、いったんやめにして、すでにあるもの、すでに備わっているもので、あなたがいい気分になれることを考えてみてください。

　たとえば、「もっと美人で、スタイルがよかったらいいのに」「色白になりたい」など、外見で望むことがあったとします。

　そのように理想を描くことは悪いことではありませんが、そのことばかりを考えるのはやめにして、いったん頭の片隅に移動させてください。そして、今度は**すでに自分に備わっているもので、自分が気に入っているところについて考えてみましょう。**

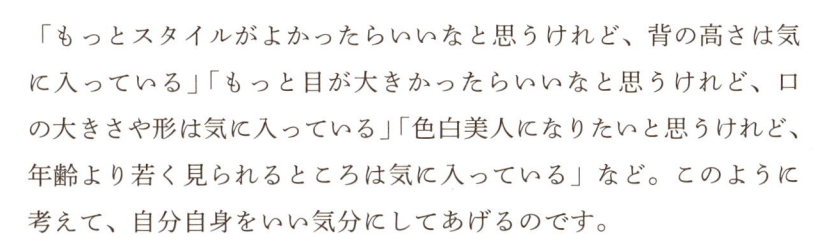

「もっとスタイルがよかったらいいなと思うけれど、背の高さは気に入っている」「もっと目が大きかったらいいなと思うけれど、口の大きさや形は気に入っている」「色白美人になりたいと思うけれど、年齢より若く見られるところは気に入っている」など。このように考えて、自分自身をいい気分にしてあげるのです。

　外見だけではなく内面も同様です。「ネガティブなところが嫌だな、ポジティブになりたいな」と思っている場合は、その望みはいったん置いておいて、自分の内面で好きなところについて考えてみましょう。

　「もっとポジティブだったらいいなと思うけれど、優しい性格なところは気に入っている」「ネガティブなところが嫌だけれど、慎重に行動できるところは好き」など。

　探し方のポイントは、「他人から見てどうか」を気にしないということ。あなたが本当にいいと思えることであれば、世間的な評価がどうであれ、関係ありません。他人から見たら、もしかしたら欠点になるかもしれないことでも、自分が受け入れて気に入っていることなら、それはあなたのいいところなのです。

　履歴書に書く長所欄のように、誰かに見られたり評価されるものではありませんから、恥ずかしがったりためらったりせず、思いつくままに書いてみましょう。このように、自分のいいところを認めてあげて、満たされた気持ちになると、自然な流れであなたがもっと満たされる現実がもたらされます。

　それは、最初に望んだように「スタイルがよくなる」とか「目が大きくなる」とか、そういったことではないかもしれません。

しかし、**「今の自分がベストだったのだ。自分が自分でよかった」**と思えるような現実がもたらされます。そして、それこそが本当の幸せなのです。

次に、自分が何が好きで、何をしているときに満たされるのか、幸せな気持ちになれるのかを認識するトレーニングを行います。

食べ物、着るもの、人、場所、映画、本などの"もの"や"人"、そして、趣味、仕事、何かしらの行動などの"こと"の2種類について、あなたが本当に好きなものをあげてみましょう。これらについても、他人の評価や、人にどう思われるかを考える必要はありません。誰かに見られるものではありませんから、「そんなものが好きなんて変だよ」「どうしてそんなものが好きなの？」などと言われる心配もありません。

他人から見てどう思われようが、あなたが好きなものは好きでいいのです。あなたが好きなもの・ことであれば、それを否定したり奪ったりする権利は、誰にもないのですから。

「もの」も「こと」も思いつくままなんでも書いていきましょう。もしかしたら111ページの書き込み欄が足りなくなってしまうかもしれません。そうしたら、手持ちのノートなど別のスペースで構いませんので、「これ以上思いつかない！」というところまで書いてみてください。

自分の好きなもの・ことについては、できるだけ具体的に書くように意識してみてください。たとえば、「動物が好き」という人の場合。動物ならなんでも好き、という人もいるかもしれませんが、「犬猫が好き」「うさぎが好き」「哺乳類が好き」「爬虫類が好き」な

ど、より細かく書いておくようにしてください。その方が、より「好き」という気持ちが強く感じられるようになるためです。
「こと」についても同様です。たとえば、「本を読むのが好き」だとしたら、どんな本を読んでいるときが最も幸せなのか、具体的に書いてみてください。「○○（作家名）の本を読むのが好き」「推理小説を読むのが好き」など、具体性を持たせれば持たせるほど、「ああ、そうだ、私はこれが好きなんだ」「これをしているときは満たされた気持ちになれるんだ」と実感できるはずです。
「好きだ」という気持ち、いい気分にたっぷりと浸りましょう。

「引き寄せ力」を高めて望む人生を生きていくためには、とにかく、「自分の望むもの」と、「自分の思考の中身」をできるだけ一致させていく必要があります。「嫌いなもの」のことを考えていれば、嫌いなものを引き寄せてしまうだけ。逆に、ただ「自分が好きなもの」のことを考える時間を多くしていけば、あなたはそれを引き寄せる方向へ行くことができます。
　好きなものを好きだ、と意識し、その気分に浸るだけで「引き寄せの法則」により、自然とその「好きな物事」がもたらされるのです。とっても簡単なことだと思いませんか？
　自分の思考が、「自分のいいところ」「自分の好きな物事」に向いているのかどうか、できるだけ日常の中で意識していくようにしてみましょう。

自己肯定のトレーニング

? 外見に関わる部分で、自分のいいところ・好きなところを書き出してみましょう。
（ex. 指が長くて細いところが好き。髪質が気に入っている。鼻の形をよく褒められる）

? 内面に関わる部分（性格、特技、能力、経験など）で、自分のいいところ・好きなところを書き出してみましょう。
（ex. 細かいことを気にしないところが好き。怒らないところは長所だと思っている。○○に詳しいところがいい）

? あなたの好きなものは何ですか？ 思いつくままに書き出してみましょう。
(ex. かわいいキャラクター。動物。いい匂いのするもの。緑がいっぱいな場所。柔らかいもの。美味しい食べ物)

....
....
....
....
....

? あなたの好きなこと、それをしているときに満たされた気持ち・幸せになれる行動は何ですか？
(ex. ピアノを弾くこと。ハンドメイド雑貨をつくっているとき。本を読んでいるとき。好きな人と一緒にいるとき)

....
....
....
....
....
....

Amy's Advice

自分自身に情熱を注ぐ

　トレーニングを終えてどうでしたか？
「引き寄せの法則を使って、自分の望む現実を引き寄せたい」
　そんな風に思っても、多くの人は「他人の嫌な面」や「世の中のこと」「自分の望まないこと」ばかり考えています。
「あの人のあんなところが嫌だ」「この商品のこんなところが好きではない」「政治がこんな風だから自分の生活はよくならない」「こんな人がこんなことをするのがけしからん」など。
　何を考えようと、それは個人の自由ですが、このようなことばかり考えていても、決してあなたは「あなたの望む現実」に近づくことはできません。
「引き寄せ力」を磨くには、「自分の思考」を「自分」または「自分の好きなもの・望むもの」へとできる限り集中させなくてはいけないのです。
　現実というのは、いつでも「自分の反映」です。「自分の思考・感情・気分」の反映なのです。**自分が自分のことを大切に思っていなかったら、現実があなたを大切にしてくれるわけはありません。自分が望むもののことを考えていなかったら、望むものがもたらされるはずはありません。**
「自分の思考」を「自分」と「自分の好きなもの・望むもの」へ向けるというクセをつけていきましょう。

LESSON 2

どんなときでも「自分が自分でいる」ために

　LESSON1では、自分の思考を自分のいいところや、自分の望むものへ向けることが大事、ということをお話ししましたが、一人きりで、自分の世界に入っているときは、それは比較的簡単ですね。

　でも、日々生活していると、どうしても負の感情に支配されそうになることもあると思います。

　なぜなら、あなたは一人だけで生きているわけではなくて、日々、たくさんの人と接しながら生きているからです。なかには、不愉快な出来事が起こったり、誰かに批判されたり、否定されたり、ということもあるかもしれません。そのたびに、心にダメージを受けて苦しんだり、辛い思いをしている人もたくさんいるでしょう。

　そこで、不必要に自分を苦しませないために、他人と自分との関係、他人はどういう存在なのか、ということをしっかりと押さえておく必要があります。ここで一番大事なのは、**「あなたの幸せ、不幸せは、他人に一切かかっていない」**ということ。

　これまでは、他人に喜んでもらわなくては、他人に好きになってもらわなくては、自分は幸せになれない、と思っていたかもしれません。また、他人の評価や、他人の自分に対する言動によって、一喜一憂してきたこともあるかもしれません。

　でも、たとえば「ピーマン」という野菜について、それを「好きだ」という人もいれば、「嫌いだ」という人もいるでしょう。それは、「ピーマン」というものの本質やその価値には何の関係もあり

ません。ただの人それぞれの好みなのです。

　それと同じことで、人は好き放題、自分自身の価値観で、自分が正しいと信じていろいろなことを言います。あなたのことをよく言う人もいれば、そうでないことを言う人もいるのは仕方のないことなのです。

　もちろん、現実は自分の反映なので、自分が自分のことを認め、好きになる度合いが高くなれば高くなるほど、周囲に悪く言う人は減っていきますが、今この時点であなたのことを悪く言う人がいたとしても、それは、「あなた自身の価値」とは何の関係もない、と割り切ってしまいましょう。

　どんな物事でも、何かに対して、文句や不満を言う人、というのは、その人自身のザルの目が閉じてしまっている状態だ、ということであって、それ以上の意味は何もないのです。

　ですので、**他人の言うことではなく、自分が自分について思うことを優先させましょう。自分がどういう人間かは自分が一番知っているはず。そして、自分のいいところも自分が一番知っているはず。**そのために、先ほど、「自分のいいところ」を見つける練習もしてきました。

　そして、**「他人に幸せにしてもらおう」という依存心を捨てましょう。すべての他人に好かれることなど不可能ですし、すべての他人に好かれる必要は全くないのです。**

　他人は他人、自分は自分という認識を持つということは、「引き寄せ力」を高めていく上ではとても大事なことなのです。

　あなたの幸せは、常に自分次第。

本書で最初からお伝えしてきたことですが、あなたが幸せかどうかは、「あなたが自分のザルの目を自分で開けようとしているかどうか」それだけにかかっています。

　このレッスンでは、他人との関係の中で、何か不愉快なことがあった場合に、それをそのまま受け止めてしまうのではなく、「自分はどう思うのか、いったん冷静になって考えてみる」というトレーニングを行います。他人が、何を投げかけてくるのかはその人の自由。そして、あなたがどう受け止めるかも自由なのです。
　たとえば、誰かから小包みが届いたとします。それを送るのは相手の自由です。しかし、受け取るかどうかはあなた次第。受け取ったとしても開封するか、開封したとしても使うかどうか、使うとしたらどのように使うのか。すべてはあなたが自由に選べるのです。
　相手がどのような行動をとろうとも、いろいろな選択肢があり、選択権は常にあなたにあるということを忘れないようにしましょう。 そして、最終的に選択した思考、感情、気分が自分自身の現実を創っていくのです。

　みな、違う人間なのですからいろんな意見があるのは当たり前。その中で、自分で自分のことを認めてあげれば、それだけで大丈夫なのです。他人に自分を理解してもらう、わかってもらう必要は実はありません。
　他人の意見に振り回されず、ただ自分を自分で認めてあげることができれば、あなたの人生は驚くほどうまく回り始めるでしょう。

どんなときでも自分が自分でいるためのトレーニング

? 他人に言われた嫌なことがあれば書き出してみましょう。
最近のことでも構いませんし、過去に言われて記憶に残っていることでも構いません。
(ex. ダメなやつだ。仕事が遅い)

? 上に書いた「他人に言われた嫌なこと」について、自分自身はどう思うのか書き出してみましょう。
(ex. 確かにダメな部分もあるかもしれない。でも、あの人は私のことを何も知らずに「仕事が遅い」と言っているだけのこと。私は私なりの工夫をしてこの仕事を完了することができた。頑張ったと自分で自分を褒めてあげよう)

? 対人関係で、最近あった不愉快な出来事、嫌だなと思ったことがあれば書き出してみましょう。
（ex. 人から悪口を言われた。仲間はずれにされた）

....
....
....
....
....

? 上に書いた「不愉快な出来事」について、自分なりの解釈で、自分にとって都合のいいように考えてみましょう。
（ex. 悪口を言うような人と仲良くなる必要はない。全員と仲良くできなくても、気の合う人と仲良くすればそれでいいかな）

....
....
....
....
....

Amy's Advice

他人は他人、自分は自分

　このように書くと、少し寂しいように感じる人もいるかもしれません。しかし、心配は無用です。これはあくまで、「あなたに否定的・批判的な態度をとる他人に対して」の対処法です。

　ザルの目を開き、自分の望みに素直になれば、望みが実現していく過程で、周りに喜びを分かち合える人が集まってきます。**「自分を否定・批判する人」をなんとかしようとするのではなくて「自分と喜びを分かち合える人」その人たちを大切にしてください**。そうすると、あなたの「喜び」はどんどん大きくなっていき、ますます「喜びの多い現実」を引き寄せていくことができるでしょう。

　どうしても不愉快な出来事を忘れられない、気持ちを引きずってしまう、ストレスを抱え続けてしまう、というときは、無理をせず、たとえば、111ページのトレーニングで書いた、自分が幸せな気持ちになれることをしたり、幸せな気持ちになれるものを目の前に置いたりしましょう。美しい景色、美しい美術作品など、美しいものを見に行くのもおすすめ。もっと手軽に気分を紛らわせたい人は、好きなお笑いを見たり、何か笑えるようなものを見るのもいいでしょう。方法はなんであれ、負の感情を忘れていられる時間をつくって、少しでも自分がいい気分になれるように軌道修正することも大切です。

FINAL LESSON

さあ、思い通りの未来を呼び込もう

いよいよ最後のトレーニングです。ここまでのトレーニングを行ってきたあなたには、もうすでにかなりの「引き寄せ力」が身についているはず。

最後に、あなたの本当の望みをもう一度書いてみましょう。1st Step でも全く同じトレーニングを行っていることに気づかれたと思いますが、もう一度同じことをするのは、「引き寄せ力」を高めるトレーニングを行っているうちに、自分自身の望みが精査され、以前とは望みが変わっている可能性があるからです。

トレーニングによって、だんだんとあなたのザルの目は開いている状態になっています。**愛と幸せのエネルギーが以前より多く流れ込み、「自分の本当の幸せとは何か」「自分が本当に望むことは何か」ということがもっとわかるようになってきているのです。**今のあなたの感覚に従って、もう一度望みを再確認してみましょう。

最初に書いた望みと、今の自分の望みを比べて気づいたことがあれば、それも書いてみましょう。あるいは、最初に書いたときとは変わらない望みもあるかもしれません。また、すでに叶ってしまった望みも、望みではなくなってしまったものもあるかもしれません。

ここで、もう一度自分の望みをはっきりさせた後は、このトレーニングブックで身につけた思考のコツを、日常生活の中で継続して実践していく。それだけで、あなたは思い通りの未来を呼び込んでいけるでしょう。

本当の望み・本当の幸せを知るトレーニング

? あなたが今欲しいものは何ですか？

....
....
....

? 14ページに書いた内容から変化はありましたか？
変化があった場合は、気づいたことを書きましょう。

....
....
....

? 「恋愛・結婚」について望むことは何ですか？

....
....
....

? 14ページに書いた内容から変化はありましたか？
変化があった場合は、気づいたことを書きましょう。

....
....
....

? 「お金」に関する望みは何ですか？

....

....

? 14ページに書いた内容から変化はありましたか？
　　変化があった場合は、気づいたことを書きましょう。

....

....

? 「仕事・やりたいこと」について望むことは何ですか？

....

....

? 15ページに書いた内容から変化はありましたか？
　　変化があった場合は、気づいたことを書きましょう。

....

....

? 「美容・健康」について望むことは何ですか？

....

....

? 15ページに書いた内容から変化はありましたか？
変化があった場合は、気づいたことを書きましょう。

....

....

? 「人間関係」において望むことは何ですか？

....

....

? 15ページに書いた内容から変化はありましたか？
変化があった場合は、気づいたことを書きましょう。

....

....

? では、あなたにとって本当の幸せとはどんなものでしょうか？
あなたが本当に望むこと、望む人生、望む生活など自由に書いてみましょう。

....

....

....

....

Amy's Advice

さあ、思い通りの人生を歩もう！

　全トレーニングの終了、お疲れ様でした！
　毎日の日常の中に「いいことを見つける」ことが習慣となり、起こる出来事に対して「いい面」を見るクセがつき、「自分自身を認めていこう」と生きているあなたのザルの目は、かなり開いた状態になっています。そして、日々の生活が大きく変わったわけではないけれども、見える景色が違う、感じる幸せが違う、起こる出来事が違う、という体験をしている人もいるでしょう。これらは、「あなたのザルの目が開いているよ」というサインです。この状態になると、自分の幸せや自分の本当の望みが何なのか、はっきりとわかるようになりますし、自分が放つ望みは最善の形で叶っていくようになるでしょう。

　あなたの現実の中にある「幸せ」、それに気づいていくということ、それこそが、「幸せ」を引き寄せる方法であり、望みを叶える方法なのです。

　あなたの望むものはすべて、あなた自身が引き出していくことができます。望む未来は他の誰でもなく、あなた自身の力で引き寄せ、創り出していけるものなのです。
　自分自身を信じて、自分の今の現実の中に、今ある幸せを見続けることができれば、あなたの人生は思い通りに展開していくでしょう。

おわりに
どんな未来もあなたの手の中にある

　本書のトレーニングを終えて、今、あなたはどんな未来を思い描いていますか？

　あなたが思い描く未来、それは、あなたの中に**「すでに理想の未来の種が存在している」**ということを意味します。

　もし、その種が存在していなかったら、あなたは想像の中でもそれを思い描くことはできないでしょう。

　私が、「引き寄せの法則」を知った当時、最初はわからないこともたくさんありましたし、なかなか「望みが叶う」ということを信じ切れなかったことをよく覚えています。

　それが約2年前。そして今、「引き寄せ」とはなんて簡単で単純なものなのだろう、と思っています。

　今、幸せでいたら、「幸せ」を引き寄せる。
　今、楽しんでいたら、「楽しみ」を引き寄せる。
　今、喜んでいたら、「喜び」を引き寄せる。
　今、感謝していたら、「感謝したくなるような現実」を引き寄せる。

　あなたが、あなたの未来を引き寄せるそのポイントは、いつだって「今」にあるのです。あなたの「今」より大事なものはどこにもありません。

そして、あなたの「今」は「あなた自身」でもあります。
　その「今」そして「あなた自身」を、大事に大事にしてみてください。
「今」を楽しみ、喜んで、リラックスして過ごしてください。

　願いを叶えようと、願いで頭をいっぱいにする必要は全くありません。何度もイメージングする必要もありません。
　ただ、「今」を生きれば、望む未来はすべて手に入ってしまいます。あなたの意識が「今」にあればあるほど、まだ見ぬ望みも叶ってしまうのです。この人生のマジックに気づけば、後はそれを実践するだけ。

　本書のトレーニングにより、**「今をいい気分でいること」「今あるものを見ること」「物事のいい面を見ること」「自分を認めること」「自分の望むもののことを考えること」**に取り組んできました。
　誤解しないでほしいのですが、それらがいつでも、完璧にできている必要はありません。いい気分でいられる思考の選択が大事だからといって、何もあなたが起きている時間の100％、いい気分でいなければならない、ということではないのです。
　生きている以上いろんなことがあるでしょう。
　そして人間誰しも、常に上機嫌でいられるものではありません。
　たまに嫌な気分になってしまっても、そんなこと、人間だったら当たり前、と考えればいいだけなのです。
　もしあなたが、あなたの時間の60％をいい気分で過ごすことができるようになったなら、現実はあなたにはっきりとわかる形で変化を始めるでしょう。
　70％を超えてきたら、いいことばかり起こるな、と感じるようになります。

80％を超えてくると、現実が望む方へがらりと変わり始めます。

　90％で、望みはなんでも叶うし、すべてがうまく回って楽しくて仕方がない、という世界に移行するでしょう。

　ちなみに、私自身は時と場合によりますが、70〜99％の間でいい気分で過ごしています。そして私の現実は、2年前からは想像もつかないくらいに変わっており、自分の望みはすべて叶えてきた、というよりは、すべての望みが向こうからやってくると言ってもいいくらいに、現実が私に微笑んでくれているのです。

　毎日のいいこと探し、ワクワク探し、感謝探しは、今回やって終わりということではなく、これからも続けていきましょう。

　日々の習慣にするため、スケジュール管理とともに、毎日のいいこと探しを実践できる、オリジナルの「引き寄せ手帳」もつくっていますので、よろしければぜひ活用してみてください（詳しくはブログをご覧ください）。また、ご自分の今の手帳に「今日のいいこと」をつけていく、ということも素晴らしいことです。

　本書のトレーニングにより、あなたはすでに自分の望みを知り、それに素直になっているはずです。

　あとは、毎日のいいこと探し、いい気分でいることを続けていけば、願いは自然と叶っていく方向へ動きます。

　そして気がつけば、以前からは考えられなかったような、でも心のどこかで望んでいた、そんな未来を「今」に体験しているでしょう。

奥平亜美衣

著者プロフィール

奥平亜美衣　Amy Okudaira

1977年、兵庫県生まれ。お茶の水女子大学卒。
大学卒業後、イギリス・ロンドンに約半年、インドネシア・
バリに約4年滞在し、日本へ帰国。
ごくごく普通の会社員兼主婦生活を送っていたが、2010年に
書籍『アミ 小さな宇宙人』(徳間書店)に出会ったことで、
スピリチュアルの世界に足を踏み入れる。
その後、2012年に『サラとソロモン』(ナチュラルスピリット)
と出会い、「引き寄せの法則」を知る。
本の内容に従って、「いい気分を選択する」という引き寄せを
実践したところ、現実が激変。
その経験を伝えるべくブログを立ち上げたところ、わかりやすい
引き寄せブログとして評判になり、ついには出版という夢を叶えることに。
初の著書『「引き寄せ」の教科書』(アルマット)、2冊目となる
『「引き寄せスパイラル」の法則』(大和出版)は、ともにベストセラーとなり、
現在は会社員生活に終止符を打ち、執筆業を中心に活動中。
「引き寄せ」で夢を叶え、望む人生を手に入れるということを
自らの人生で体現し続けている。

ブログ「人生は思い通り」
http://ameblo.jp/everything-is-all-right/

装幀・本文デザイン
☆
ナカミツデザイン

編集制作
☆
笹山浅海（Manubooks）
浜田詩織（宝島社）

★

「引き寄せ」の実践トレーニング
あなたにも必ずある「引き寄せ力」の磨き方

2014年12月11日　第1刷発行
2016年 9月 7日　第6刷発行

著者　奥平亜美衣

発行人　蓮見清一
発行所　株式会社宝島社
〒102-8388　東京都千代田区一番町25番地
電話 03-3234-4621（営業）　03-3239-0604（編集）
http://tkj.jp
振替 00170-1-170829　㈱宝島社

印刷・製本　サンケイ総合印刷株式会社

本書の無断転載・複製を禁じます。
乱丁・落丁本はお取り替えいたします。
©Amy Okudaira 2014 ©TAKARAJIMASHA 2014
Printed in Japan
ISBN 978-4-8002-3092-8